"Tatlı dil yılanı bile deliğinden çıkarır."
Bir Sümer Atasözü

Temiz Türkçe Kılavuzu
"Dragoman Ltd. 2013 Yaz Staj Çalışması"nın Geliştirilmiş Hali
©Dragoman 2014

1. Basım, Aralık 2014

Editör:
Ümit Özaydın

İçerik:
Devin Keleş
Dilara Denci
Esra Küçükecir
Fanoulla Andreou
Gülçin Acar
Orhun Gündüz
Senem Eren

Kapak Tasarım:
Elif Göncü

Tasarım ve Mizanpaj:
Elif Göncü

Baskı ve Cilt:
İncekara Kağ. Mat. Yay. ve Dış Tic. Ltd. Şti.
Tel: 0212 501 0883

Yayıncı Sertifika No:
31199

ISBN:
978-975-01471-1-1

Katkıları için Bekir Diri, Burak Benk, Çağdaş Acar,
Savaş Ayar ve Serdar Dündar'a teşekkürler.

TEMİZ TÜRKÇE KILAVUZU

İletişim güzeldir

DRAGOMAN

Dragoman Yayınları
1. Baskı Aralık 2014

Önsöz

Ümit Özaydın

Türkçemizde kapsamlı bir stil kılavuzunun eksikliğini, 20 yıla yaklaşan çevirmenlik meslek hayatımda çokça yaşamışımdır. The New York Times, The Associated Press (AP), The Economist, Oxford University gibi kurumların temiz ve anlaşılır İngilizce kullanımıyla ilgili çokça saygı gören kılavuzlarını gıpta ile takip ettiğimi itiraf etmeliyim. Bizim dilimize dair Yazım Kılavuzları vardır. Dil hatalarını eleştiren yayımlar azımsanmayacak kadar boldur. Dilimizi güzel kullanmakla ilgili kılavuz yayınlar ise, hem parmakla sayılacak kadar azdır, hem de içerik olarak yeterince kapsamlı değildir.

Elinizdeki kitapçık 2013 yılı yaz staj ödevlerinin derlenmesinden oluşmuştur. Gençler öğrenci ödevi çerçevesini bir hayli aşan bir iş çıkarttılar. Okudukça siz de takdir edeceksiniz. Son düzeltmelerde birkaç kıdemli meslektaşımızdan destek aldık ama kitapçığı editör gözüyle okurken öğrenci ödevi havasından çıkarmamaya özen gösterdik.

Yer yer açıklayıcı notlar ekledik. Bazı bölümlere gelen yorumlar doğrultusunda yeni alt başlıklar açtık. Sonuçta, dörtte üçü stajyerlerimizin kaleminden çıkan kılavuzumuzu tamamladık. Plaza Türkçesinden, e-posta yazım tekniklerine, anlatım ilkelerinden, yalın ve kısa yazma becerilerine kadar uzmanlık isteyen pek çok konuyu irdeledik.

Çağdaş Türkçe kullanımında yeni bir trend açacağına inandığımız bu çalışmayı, kıvançla sunuyoruz.

İçindekiler

1. Bölüm   Güzel Türkçe Plaza Türkçesine Karşı   9

2. Bölüm   E-posta Yazım İncelikleri:

              Neyi yapmalı? Neyi Yapmamalı?   15

3. Bölüm   Yazıda Akıcılık ve Sadelik   29

4. Bölüm   Yazım Kuralları   47

5. Bölüm   Sosyal Medyada Yazım Yanlışları   69

6. Bölüm   Anlatım ve Kullanım İlkeleri   87

BÖLÜM 1
GÜZEL TÜRKÇE PLAZA TÜRKÇESİNE KARŞI!

"Dilini kaybeden bir millet, her şeyini kaybetmiş demektir."
Peyami Safa

Esra Küçükecir

Orhun Gündüz

Önsöz

Ümit Özaydın

Beş yüz sene önce "tefekkür etmek" fiili dilimize nasıl girdiyse, bugün "print almak" da öyle kolayca giriyor. Türkçemizin güzel ve güçlü araçlarından "yardımcı fiiller", hemen her dilden sözcük alımını kolaylaştırıyor.

Farklı ulusların bulduğu ve kendi dillerinde isim verdiği on binlerce kavram var. İnsanlığın toplam bilgi varlığı arttıkça, sözcük dağarcığı da artıyor. Örneğin Kuran'da yaklaşık 2.500 farklı sözcük var. Kaşgarlı Mahmut'un Divan-ı Lügat-it Türk adlı sözlüğünde ise 8.500 civarında kayıt. Shakespeare 25.000 civarında farklı sözcük kullanırken, Ali Şir Nevai 40.000'e yakın kelimeye hayat verirken, bugün sadece medikal bir sözlükte 50.000 tıp terimini bulabiliyoruz.

Dilde özleşmeyle, tarihsel dil birikimimize sahip çıkmak ideolojik bağlamda tartışıladursun, "tvit atmak", "google'lamak", "face'den eklemek" kalıcı olacak gibi.

Dilimizde yalınlaşmaya adanan bir ömür için Ömer Asım Aksoy'a teşekkürlerimizi sunarak, yabancı sözcüklerin özensiz kullanımının en hoyrat örneklerini Plaza Türkçesi başlığı altında takdim ediyoruz.

→ "Patronum soft-copyleri revize edip third partylere forwardladıktan sonra confirm etmek için hard-copylerini alıp sekreterine taşere etmemi istedi. Diğer şirketlerden gelen offerların assessmentına yönelik handikaplara holidayden sonra focuslanacağız."

Kaşlarınızı çatıp bu iki cümle hangi dilde diye sorduğunuzu duyar gibiyiz. Kurumsal şirketlerde ve plazalarda çalışanların aralarında kullandığı garip dili size sunmak istiyoruz: Plaza Türkçesi!

Dragoman ekibi olarak Türkçenin şirketlerdeki kullanımına ayrı bir başlık açalım dedik. Plazalarda beyaz yakalıların kendi aralarında konuştukları Bülent Eczacıbaşı'nın "uydurukça" diye nitelediği bir dil bu. İngilizceyle Türkçe karışımı genellikle "etmek", "yapmak" eylemleriyle biten ve teknoloji dilinin de yardımıyla plazalarda yerleşmiş bir dilden bahsediyoruz. Yaygın olarak iki şekilde kullanılıyor. Teknolojik aletlerle ilgili bazı kelimelerin çevirisi henüz gündelik kullanımda yerleşmiş olmadığı için veya hiç çevirisi bulunmadığı için bu tür kelimeler doğrudan İngilizce yazılışlarıyla kullanılıyor. Türkçe karşılığı olmasına rağmen İngilizce kullanma ihtiyacı duyanlar var:

soft copy:	elektronik kopya
hard copy:	çıktı
data:	veri
forwardlama:	iletmek
training:	eğitim
off day:	tatil günü
handikap:	engel
focuslanma:	odaklanma
third party:	üçüncü taraf
layout:	yerleşim

İkinci olarak da Türkçede yaygın bir karşılığı olmasına karşın İngilizce haliyle söylenen veya Türkçe eylemlerle birleştirilen kullanımlar var:

yapılabilite:	yapılma ihtimali
print almak:	çıktı almak
scan etmek:	taramak

revize etmek:	gözden geçirmek
check etmek:	kontrol etmek
update etmek:	güncellemek
confirm etmek:	teyit etmek
taşere etmek:	iletmek/götürmek
refere etmek:	gönderme yapmak
order etmek:	sipariş vermek
assign etmek:	görevlendirmek

"Uydurma" kullanımlar en büyük kuruluşlarda bile azımsanmayacak ölçüde yaygın. Güzel ve doğru Türkçe kullanımına yönelik en sağlam adımlardan birini Eczacıbaşı Holding attı. Çalışanlar, Bülent Eczacıbaşı'nın önderliğinde Plaza Türkçesi'nin kullanımına karşı kendilerince bir ceza yöntemi belirledi. Plaza Türkçesi kullanan herkes kumbaraya beş lira atıyor ve toplanan bağışlar şirket bünyesinde yazılacak olan Türkçe yazım kılavuzu için ayrılıyor. Benzer adımları başka şirketlerin de atmasında yarar var; dilimizin doğru kullanılmasına yönelik tüm şirketleri kapsayacak ölçüde farkındalık yaratılabilir.

Bunu yaparken amaç yabancı sözcük avcılığı yapmaktan ziyade, o yabancı sözcüğün Türkçedeki genel kullanımını ve yaygınlığını kontrol etmektir. Örneğin, "kontrol" kelimesi de, "aşk" veya "kurultay" kelimeleri de yabancı kökenlidir ama dilimize yerleştiği için bizimdir, diyebiliriz.

İlk başta verdiğim örnekteki cümlenin dilimizdeki karşılığı (yani Temiz Türkçesi) şöyle olacaktır:

√ "Patronum, elektronik kopyaları gözden geçirip üçüncü taraflara ilettikten sonra teyit etmek üzere çıktılarını alıp sekreterine götürmemi istedi. Diğer şirketlerden gelen tekliflerin değerlendirilmesiyle ilgili engellere tatilden sonra odaklanacağız."

Plaza Türkçesi'nin kullanımı artık çoğunlukla komedi dizilerinde güldürü unsuru olmaya yüz tutmuştur. Bizler de günlük hayatımızda veya çalıştığımız yerlerde bu tür yozlaşmış dil kullanımlarından vazgeçmeli; milleti "**irrite**" etmekten kaçınmalıyız.

BÖLÜM 2
E-POSTA YAZIM İNCELİKLERİ
NEYİ YAPMALI? NEYİ YAPMAMALI?

"Dil ile düğümlenen, diş ile çözülemez"
Kaşgarlı Mahmut

Ümit Özaydın

Önsöz

Ümit Özaydın

Bilgiyi üretme ve tüketme araçlarımız değişiyor. Yılda 2,5 milyon yeni kitap yayımlanıyor; 50 milyon yeni web sitesi açılıyor; 10 milyarlarca e-posta gönderiliyor; 100 milyarlarca sosyal medya güncellemesi yapılıyor.

İçeriğin üretilmesi hızlandıkça, yayınlanması kolaylaştıkça, dil yanlışları da çoğalıyor ve görünürleşiyor.

Madem duygu ve düşüncelerin kitlesel olarak paylaşıldığı yeni mecralar var, o halde okullarda, şirketlerde, e-posta ve sosyal medya yazarlığı eğitimi verilmesi şart. Hepimizin daha özenli olması gerekiyor. Aceleye getirmeden, elimizi kötü alıştırmadan, klavyenin rehavetine kapılmadan, sanallığın uzaklığına aldanmadan yazmalı. Eklerin ve bitişik sözcüklerin yazılışı ile Türkçe karakter kullanımı kadar, nazik, ince, düşünceli olmaya da dikkat edilmeli.

Bu bölümde e-posta araçlarının kullanımını, kullanırken dikkat edilmesi gereken biçimsel ilkeleri ve daha güzel, daha olumlu, daha etkili yazma yollarını özetlemeye çalıştık.

Yararlandığımız kaynaklar çoğunlukla anonim olarak derlenip, internette yayınlanan iyi niyetli sayfalar. Emeği geçenlere teşekkür ediyoruz.

E-posta Programlarıyla İlgili İlkeler

a. E-posta Hesap Adı

E-posta adresiniz, adınız ve soyadınızdan oluşmalıdır. "sevimlikedi27" gibi isimlerden oluşan e-posta adreslerinin kurumsal hayatta yeri yoktur. E-postayı gören kişi, mesajın kimden geldiğini ilk anda anlayabilmelidir.

b. E-posta Görünen Ad

E-posta adresiniz her ne kadar adınız ve soyadınızdan oluşsa da görünen adınızı kontrol etmenizde büyük yarar vardır. Çünkü görünen adınız, "yeni posta, adnan, holding iş" gibi isimlerle çıkıyor olabilir.

c. Konu (Subject) Alanı

Gönderdiğiniz her e-postanın konusu kendine özgü olmalıdır. Mesajınız eski bir konunun devamı değilse, yeni bir konu açmalısınız. Şayet konu alanını boş bırakırsanız, hem daha sonra sınıflandırmanız ve arayıp bulmanız zor olacaktır hem de bazı e-posta programları mesajınızı SPAM olarak algılayıp reddedebilir.

d. Kime (to) ve Bilgi (cc) Alanları

Mesajınızın asıl alıcısını "kime" alanına ve konuyu bilmesi gerekenleri de "bilgi" alanına yazmalısınız. Bu, mesajınızı kime hitaben yazdığınızın net bir şekilde anlaşılmasını sağlayacaktır. Ortak projelerde, mesajı göndereceğiniz tüm kişiler //bilgi// alanında olmalıdır. Böylece hem konuyu ekip olarak takip edip tartışabilirsiniz hem de "Ben bunu bilmiyordum, bana haber gelmedi," gibi sözlerin önünü en baştan kesmiş olursunuz.

e. Gizli (bcc) Alanı

Konudan haberdar olmasını istediğiniz fakat mesajın diğer alıcılarının bu durumu bilmelerini istemediğiniz kişi veya kişileri bu alana yazmalısınız. Bu özellik genellikle hassas konularda, ekip arkadaşlarınızı rahatsız etmeden yöneticileri bilgilendirmek için kullanılır.

f. Yanıtla (Reply) ve Tümüne Yanıtla (Reply all) Düğmeleri

Tek kişi ile yazışırken "yanıtla", birden fazla kişiyle yazışırken "tümüne yanıtla" düğmeleri kullanılır. Ekip içinde yazışırken, ekibin genelini ilgilendiren her türlü yorum ve fikir //tümüne yanıtla// düğmesi ile gönderilmelidir. "Teşekkürler", "iyi akşamlar", "harikasın" gibi kişiye özel yorumlar ise, sadece mesajın muhatabına gönderilmelidir; böylece diğer alıcıların gelen kutularında gereksiz kirlilik yaratmamış oluruz.

g. İmza (Signature) Alanı

Kurumsal e-postalarda adınız, soyadınız, unvanınız, telefon, adres ve internet sitesi bilgileriniz mutlaka imza alanında yer almalıdır. Bunların yanında Skype ve Linkedin profillerinizin linklerini de bu alana ekleyebilirsiniz. Göndereceğiniz yeni mesajlarda uzun, yanıt mesajlarda ise kısa imza kullanmak, akıllıca bir seçim olacaktır. Pek çok program buna izin verir, hatta bazı programlarda konuya, kampanya dönemine veya alıcılara göre değişen imzalar seçilebilir. Özel yazışmalarınızda, samimi ve yakın olduğunuz kişilere gönderdiğiniz mesajlarda, kurumsal imzanızı silip sadece isim, isim ve şirket adı ya da isim ve "sevgiler" gibi kişiye özel imzalar da kullanabilirsiniz.

h. E-posta Kotası

Her e-posta programının ve hesabının bir kotası vardır. Dolayısıyla kotanızı bilmeli, gereksiz mesajları silerek veya arşivleyerek gelen kutunuzda yer açmalısınız.

i. Ekli Dosyalar

Çoğu e-posta programı ekli dosyaları 20MB ile sınırlar. Bu sınırı aşan daha büyük dosyaları ZIP veya RAR gibi dosya sıkıştırma programlarını kullanarak sıkıştırmayı deneyin ve Dropbox veya WeTransfer gibi web sitelerini kullanarak gönderin. Özellikle grup halindeki şirket içi yazışmalarda bolca kullanılan ekli dosyalar, e-posta sunucunuzu yavaşlatabilir, dikkatli olmalısınız.

j. Anti-virüs Yazılımları

Bilgisayarınızda ve sunucunuzda güncel anti-virüs, güvenlik duvarı ve anti-spam yazılımları kurulu ve çalışır durumda olmalıdır.

k. Gizlilik ve Gizlilik Beyanı

Kurumsal e-posta mesajınızın altındaki Türkçe ve İngilizce dillerindeki yasal uyarı mesajıdır. Özellikle gizli, akçeli ve önemli yazışmalarda bu dip notlar yer almalıdır.

Yazım İlkeleri

a. Büyük harflerle yazmak kabalıktır

İnternet dilinde büyük harflerle yazmak, bağırmak, kızmak ve hakaret etmek anlamlarına gelmektedir. Vurgu yapma amacıyla büyük harfler kullanmak, sık yazıştığınız ve samimiyetine güvendiğiniz kişiler dışında tavsiye edilmez.

b. Noktalama işaretlerinden sonra boşluk bırakın

Nokta, virgül, ünlem, soru işareti dâhil olmak üzere tüm noktalama işaretlerinden sonra bir boşluk bırakılır. "(" sonrası ve ")" öncesi boşluk bırakılmaz. Yani parantez (ayraç) içindeki kelime veya cümlenin başına ve sonuna boşluk konulmaz.

c. Noktalama işaretlerini bir arada kullanmayın

!!! (üç ünlem), ??? (üç soru işareti) gibi kullanımlar öfke, kızgınlık, güvensizlik gibi anlamlara gelmektedir. Yazının yüzü zaten soğuktur ve daha da soğutmaya gerek yoktur. Dolayısıyla bu gibi kullanımlar tavsiye edilmez.

d. Ayrı yazılan -de ve -ki

Bağlaç olan ve "dahi" anlamına gelen -de/-da ve bağlaç olan -ki her zaman ayrı yazılır.

→ Ben de severim, o da sever.

→ Ben öyle demedim ki.

e. Türkçe karakter kullanmak bir özen göstergesidir

Yeni nesil programlar Türkçe karakterleri desteklemektedir. Yazışırken Türkçemizi en güzel haliyle kullanmak esastır. Ayrıca, iş başvurusu yaparken Türkçe karakter kullanmazsanız puan kaybedersiniz. Yazışmalarınızda Türkçeye gösterdiğiniz özen, daha ciddi ve kurumsal bir algı yaratacaktır. Yurtdışı yazışmalarında karakter bozulması yaşanıyorsa bunu istisnaî bir durum olarak ele alıp mesajı Türkçe karakter kullanmadan yazmakta yarar vardır.

Akıcı ve Anlaşılır E-posta Yazmanın ve Sosyal Paylaşım Yapmanın İncelikleri

a. Kısa ve net olun

Günümüzde e-postaların yarıya yakını mobil cihazlardan okunuyor. Ne kadar kısa ve öz yazarsanız o kadar iyidir.

b. Konu satırı ve giriş cümlesi paralel olmalıdır

Konu satırı, bir başka konuyla karıştırılmayacak kadar açık yazılmalıdır;

→ 15 Ekim 2012 tarihli envanter raporu

Mesajınızın giriş cümlesinde hemen konuya gönderme yapılmalıdır;

→ 15 Ekim 2012 tarihli envanter raporu istediğiniz şekilde hazırlanmıştır; dikkatinize sunuyoruz.

c. Anlaşılmayacak kısaltmaları kullanmayın

Şirket içinde kendinize özgü veya sektörünüze özgü "CMP", "RSS", "MDKP" gibi kısaltmalarınız olabilir. Ancak, muhatabınız bu kısaltmaları anlamayacaksa, kısaltmaların yanına açılımlarını da yazmalısınız.

d. Mecazlardan ve göndermelerden sakının

"Sizden daha fazla özen beklerdim" gibi imalı bir dokundurma yerine, "Renkler istediğim gibi olmamış. Gönderdiğim kılavuzdaki renk kodlarına göre düzeltir misiniz," yazmak daha anlaşılır ve doğru olur. Herkes unutur, atlar, şaşırır ve hata yapar. Bir de üzerine "laf işitmeyi" kimse istemez.

e. Maddeler halinde yazın

Uzun cümleler ve paragraflar halinde kendinizi açıklamaktan sakının çünkü okunması ve anlaşılması zor olur. İstediklerinizi maddeler ve başlıklar halinde ifade etmeniz, sonuç almanızı hızlandırır. Ayrıca, daha sonra telefon açıp tek tek her maddenin üzerinden geçebilirsiniz.

Maddeler halinde gelen bir talebe, yine maddeler halinde, mümkünse aynı maddelerin hemen altına farklı bir renkle yazarak yanıt verilmelidir.

f. Neyi, ne zaman ve kimden istediğinizi belirtin

"Konuyla ilgili gereğinin yapılması ricasıyla," gibi muğlak ifadelere, herkesin birden çok konuyla ve gündemle meşgul olduğu modern iletişimde yer yoktur. "Ahmet Bey, raporları sizden Pazartesi'ye kadar bekliyorum. Melis Hanım, en geç Cuma akşamına kadar tasarımların ajansa iletilmiş olması gerekiyor." gibi zaman, yer, kişi içeren cümleler kullanmaya alışın.

g. Uzun bilgileri ekli dosyalara koyun

E-postada kısa yazmak esastır. Yazacaklarınızı uzun paragraflar halinde aynı mesaja sıkıştırmak yerine ekli dosyalar kullanın. Bu hem sizin hem de alıcı için daha kolaydır. Ayrıca bazı e-posta programları çok uzun yazılan mesajların bir kısmını kesebilir; mesajınızın alıcıya eksik ulaşması gibi sorunlar yaratabilir. Ekli dosya kullanmak bu açıdan da yararlıdır. Yeter ki ek dosya kotasını aşmayın.

h. Önemli konuları vurgulayın

Mesajınızın içeriğinde, diğer konulardan daha önemli konular yer alıyor olabilir. Bu durumda önemli konuyu ya da konuları:

a) Mesajınızın başına yazarak,

b) Altını çizerek veya koyu harflerle yazarak,

c) Konunun önemli olduğunu belirten "bu konuya özen gösterirseniz/ dikkat ederseniz sevinirim", "bu konu büyük önem arz etmektedir," gibi kalıplar kullanarak,

d) "Konunun özellikle önemli olduğunu tırnak içinde belirterek,"

vurgulamalısınız.

Sanal Etik İlkeler ve Görgü Kuralları

Nasıl ki günlük hayatımızda görgü kuralları, adap ve ilkeler varsa sanal dünyada yazışırken de uymamız gereken bazı görgü kuralları vardır. Daha nazik ve daha saygılı yazışabilmek, iş kalitemizi artırmasının yanında duygusal motivasyonumuzu da yükseltir.

İşte dikkat edilmesi, uygulanması ve asla yapılmaması gerekenler;

• **Türkçe yazım kurallarına dikkat edin.** Unutmayın ki güzel yazı, güzel ilişkilerin anahtarıdır.

• **Türkçe karakter kullanırken dikkat edin.** Gönlümüz her ne kadar Türkçeyi Türkçe karakterlerle yazmaktan yana olsa da alıcı, Türkçedeki ğ, ş, ç, i, ü, ö karakterlerini görüntülemekte sorun yaşıyorsa, bu karakterleri kullanmayabilirsiniz. Ancak, yine de imlâsından sözcük ve ton seçimine kadar tüm temiz Türkçe ilkelerine uymalısınız.

• **Hızlı yanıt verin.** İletileri, Gelen Kutunuzda öylece cevapsız bırakmayın. Mesajı gönderen kişiye mutlak suretle geri dönüş yapın. Hemen ve yeterince detaylı yanıt veremeyecekseniz, durumu izah edip, en kısa zamanda daha detaylı bir yanıt göndereceğinizi mutlaka belirtin.

• **Güzel dileklerle selamlayın.** Mesajınızın girişinde selamlayın ve kapanışında güzel dileklerinizi iletin. Sevgi, saygı, başarı, mutluluk, keyifli hafta sonu, güzel hafta gibi dilekleri cömertçe yazın.

• **Robot olmayın.** Sıkça yazıştığınız kişilerle olan yazışmalarınızı ve kurduğunuz ilişkileri robotlaştırmayın. Bazen bir hâl hatır sormak bin kapıyı açar, unutmayın.

• **Dikkatli okuyun.** Önemli konuları iyi okuyun. Yanıtını aceleye getirmeyin. Hatta bilgisayar başından kalkın, bir nefes alın, turlayın, çay yudumlayın, sonra tekrar okuyun.

• **Yanıtlamadan önce kontrol edin.** Yanıt mesajınızı düşünerek yazın ve iki kez kontrol ederek gönderin. İsmini doğru yazdınız mı, rakamlar hatasız mı, her soruya yanıt verdiniz mi, yanlış anlamaya açık ifadeler var mı?

• **Toplu mesajlarda kişisel yargılardan kaçının.** Zincir mesajlarda bir kişiyle özel bir anlaşmazlığınız varsa, sadece ona yazmanız daha zarif olur. Hem gereksiz gönül kırmamış, insanları küçük düşürmemiş olursunuz.

• **Kaynak göstermeden alıntı ve paylaşım yapmayın.** Kişilik haklarını zedeleyici iletileri, doğruluğunu kontrol etme fırsatı bulamadığınız iddiaları ve başkalarına ait güzel sözleri bir anlık coşkuyla paylaşmayın. Size birebir gönderilen iletileri, mecbur kalmadıkça kopyalayıp başkalarına göndermeyin. Eğer alıntı yapıyorsanız, alıntı yaptığınız mesajın sahibine ve alıntıyı göndereceğiniz kişiye bunu bildirin.

İnsanlar çok hassastır, her şey incelikten, insan kabalıktan kırılır demişler. Bu yüzden;

→ **Kızgınken ve stresliyken sakın yazmayın.** Belki de bu, en sık önerilen ve en sık çiğnenen kurallardan biridir. Bir kişiye ağır şeyler yazdığınızda bunların geri alınamayacağını unutmayın ve yazdıklarınızın günün birinde karşınıza çıkacağını bilin. Lütfen hemen alttaki "Göndermeden önce sesli bir şekilde okuyun," maddesini dikkatle okuyun.

→ **Göndermeden önce sesli bir şekilde okuyun.** Anlatmak istediğiniz şeyleri tam anlamıyla yazdığınızı düşündüğünüz anda, "gönder" düğmesine basmadan önce, yazdığınız e-postayı sesli bir şekilde okuyun. Bu, kendinizi alıcının yerine koymanızı sağlayacaktır. Düşünceniz, yazıyla ifade edilmişse, geri almak zordur. Ayrıca asla unutulmamalıdır ki, alıcının bir yazıcısı ve ilet düğmesi vardır. Tüm kurumu hatta daha da ötesini gezebilecek e-postalara, ileride pişman olabileceğiniz şeyleri asla yazmayın.

Herkes teknolojiyi sizin kadar iyi takip etmiyor olabilir. Bu nedenle:

→ **Çok fazla simge kullanmayın.** İletilerde yüz ifadelerini kullanmak, günümüzde duyguları anlatmanın sıkça kullanılan yollarından biridir. Bu ifadeleri, abartıya kaçmamak ve yazıştığınız kişiye özel seçmek şartıyla, aranızda samimiyet ilişkisi olan muhataplarınıza kullanabilirsiniz.

→ **Kısaltılmış terimleri çok fazla kullanmayın.** Mesajınızın alıcısının, sizin kullandığınız kısaltmaları anlayabileceğinden emin değilseniz, bu kısaltmaları kullanmayın.

İşte, en çok kullanılan yüz ifadeleri:

:-) veya :)	gülmek/gülümsemek
:-}	biraz alaylı sırıtmak
:-)))))	kahkahayla gülmek
*-)	öpmek
:-(veya :(	üzüntülü olmak

:'-(	ağlamak
:-(((((	çok üzülmek
:-o	sürpriz!! (şaşırmak)
;-)	göz kırpmak
:-D	sırıtarak gülmek
8-)	gözlerini açmak (meraktan/şaşkınlıktan)
:-X	ser veririm, sır vermem

Tablodaki :-) ifadesini inceleyelim; : gözleri, - burnu ve) ise dudakları simgelemektedir. :-) ifadesinin : işareti sonrasındaki kısmı yatay olarak ters çevrildiğinde ortaya çıkan yeni ifade, üzüntü belirtme ifadesi :-(olacaktır.

Dosya Uzantılarının Yazılışı

Hangi türde yazarsak yazalım, içeriğimize dâhil etmemiz gereken bir bilgisayar dosyası varsa, bu dosyanın uzantısını nasıl yazacağımızı bilemediğimiz durumlar ortaya çıkabilmektedir.

Dosya uzantılarını dosya uzantısını tırnak içine alıp önüne nokta koyarak yazabiliriz.

⟶ Patronumuza e-posta yazıyoruz ve mesajımızda dosya uzantısı kullanmamız gerekiyor;

Ümit Bey;
Eklenecek dosyalar ".docx" mi kalsın yoksa hepsini ".pdf"ye mi dönüştüreyim?

Bazen dosya uzantısı yerine dosyanın türünü yazmak isteyebiliriz. Bu durumda dosya türünü olduğu gibi yazmalıyız. Dosya türünü yazarken önüne nokta koymamalı ve tırnak içine almamalıyız.

Arkadaşımıza mesaj atarken dosya türünden bahsetmemiz gerekiyorsa:

⟶ AVI dosyalarını da göndereyim mi?

Burada dikkat edilmesi gereken nokta, dosya türlerinin yazılışlarını bilmektir. Bazı dosya türleri büyük ve küçük harfleri birlikte içerirken bazı dosya türleri yalnızca büyük veya yalnızca küçük harfle yazılabiliyor. Dosya türlerinin yazılışlarını internet sitelerinden bulabilirsiniz.

Örneğin, MPG, JPEG, MP3, ZIP veya PPT gibi dosya türleri büyük harflerle, dosyanın uzantıları ise başına nokta konularak küçük harfle ve tırnak içerisinde (".mp3", ".zip" vb.) yazılır. ERr dosya formatı gibi adında büyük harf ve küçük harf içerenler de vardır. Dosya isimlerinin tamamını tek bir liste halinde bulabilmek zor. Dediğimiz gibi, en doğrusu sağlıklı ve titiz İnternet araştırması yapmak.

Bakalım internetteki sosyal ortamlarda durum nasıl?

Facebook, şimdiye kadar post ettiğiniz bütün gönderileri Zip dosyası olarak download etmenizi sağlıyor.

Yukarıdaki örnekte kullanıcı, dosya türünden bahsettiğinden, genel kaidelere uyarak "Zip" yazmayı tercih etmiş.

mp3 dosyası göndermeye çalışıyorum ama 25mb diyip yollamıyor ne yapmam lazım yardım lütfen:(

Yukarıdaki örnekte dosya türünden bahsedildiği için küçük harfler değil büyük harfler kullanılmalıydı (MP3). Ayrıca "mb" değil, kısaltma olduğundan "MB" yazılmalıydı.

Bu kadar lakayıt bi .ppt dosyası ile finale falan çalışamam ben elveda kariyer

Yukarıdaki örnekte kullanıcı, dosya uzantısından bahsederken dosya uzantısını başına nokta koyup küçük harflerle yazarak doğru yolda ilerlemiş. Bir adım daha atıp, dosya uzantılarından bahsederken tırnak içinde ".ppt" kullanımı daha doğru olacak.

BÖLÜM 3
YAZIDA AKICILIK VE SADELİK

"Ne söyleyeceğini bilmek yeterli değildir;
nasıl söyleyeceğini de bilmelidir."
Aristo

Devin Keleş

Dilara Denci

Senem Eren

Önsöz

Ümit Özaydın

Akıcı ve sade Türkçe, ifadeleri gereksiz ve basit sözcüklerden arındırmakla başlar. Bu sayede fazlalıklarından kurtulan ve hafifleyen bir üslup yakalanabilir. Sonra, sıradan ve basmakalıp sözcükleri tekrarlamak yerine zengin bir dili benimsemeyi de gerektirir. Zengin dil derken, örneğin "büyük" için yerine göre "iri, heybetli, görkemli, ulu" gibi alternatif kullanımları merakla ve istekle kullanmayı kastediyoruz. Yine zengin dil derken, yabancı sözcüklere denetimli serbestliği de kabul ediyoruz. Prensip olarak, Türkçe karşılığını ana dilimizde bulduğumuz sözcükler yerine yabancı sözcük kullanmamamız gerekir. Türkiye'de 1930'larda başlayan Türkçeyi yalınlaştırma çalışmaları Arapça ve Farsça egemenliğinden sıyrılmayı hızlandırmış ancak batı dillerinden alınan sözcüklerin yaygınlaşmasını önleyememiştir. Belki de önleyici ve yasaklayıcı olmak yerine kapsayıcı, kuşatıcı olma yaklaşımını geliştirmek gerekiyor. Bu konuyu siyasi ve ideolojik peşin kabullerden uzak; tarihsel, sosyolojik, etimolojik ve dilbilimsel bağlamda değerlendiren Sevan Nişanyan gibi araştırmacılarımızı alkışlıyoruz.

Güncel Türkçenin çeviri etkisindeki gelişimini ve dönüşümünü de ayrıca tartışmak gerekir. Bu bölümdeki bazı başlıkların çevirinin dile etkisini normalleştirmeyi amaçladığını da itiraf etmeliyiz.

İyi bir yazar laf kalabalığından kaçınmalıdır. Sözcükleri doğru yerlerde ve doğru görevlerde kullanmalıdır. Peki bunun ayak izleri nelerdir? İnceleyelim.

"Bir" sözcüğünün gereksiz kullanımından kaçınmalıyız

"Bir" sözcüğünün "tek", "benzersiz" anlamında kullanılması gerekmektedir. Bu özelliğini kaybetmemesi için "benzer", "bazı", "kimi" gibi sözcükleri kullanabileceğimiz yerde "bir", "birçok" gibi sözcükler tercih etmemeliyiz. Çoğul ifade edebileceğimiz sözcükleri "bir" sözcüğü ile tekil bırakmamalıyız.

→ Küçük bir kız elinde yeni aldığı bir kitapla arabaya doğru koşuyordu.

√ Küçük kız elinde yeni kitabıyla arabaya doğru koşuyordu.

→ Kırmızı bir arabası olan adam sokağın ortasında birden durdu.

√ Kırmızı arabası olan adam sokağın ortasında birden durdu.

√ Kırmızı arabalı adam sokağın ortasında aniden durdu.

→ Elinde bir gazete olan kadın hızlı hızlı iskeleye yürüyordu.

√ Elinde gazete olan kadın hızlı hızlı iskeleye yürüyordu.

√ Kadın elinde gazeteyle hızlı hızlı iskeleye yürüyordu.

Bir paragrafta veya cümlede aynı sözcükleri tekrarlamaktan kaçınmalıyız

Örneğin; etken çatılı eylemleri aynı cümle içerisinde iki kez "tarafından" sözcüğü ile edilgen yapmamız çoğu zaman gereksizdir. Aslında özne, nesne ve sözcüklerin eklerini yerli yerinde kullanarak, bu tür basit sözcüklerin çoğundan kurtulabiliriz. Böylece, cümlelerimiz daha kısa, daha net, daha sade olur.

Yazıda Akıcılık ve Sadelik

→ Törende hayırsever bir vatandaş tarafından yaptırılan hastanenin temeli bakan tarafından atıldı.

√ Törende hayırsever bir vatandaşın yaptırdığı hastanenin temeli bakan tarafından atıldı.

√ Bakan, törende hayırsever bir vatandaşın yaptırdığı hastanenin temelini attı.

→ Eğlenmek için gittiğimiz partiden Dilara için geri döndük.

√ Eğlenmeye gittiğimiz partiden Dilara için geri döndük.

→ Şirketimiz dünya çapında bilinmekte olup sektörünün öncüsü bir şirket olmaktadır.

√ Şirketimiz dünya çapında bilinen, sektörünün öncüsü bir işletmedir.

Aynı paragrafta veya cümlede birden çok basit sözcük kullanmamalıyız

Paragrafta "olduğundan", "yaparak" gibi sözcükleri sık kullanmak dili basitleştirir. Bunun yerine daha zengin bir Türkçe ile daha az basit sözcük kullanmalıyız. Çaresi, ismi fiile, fiili isme dönüştürmek, yardımcı fiil kullanımında seçici olmak, uzun cümleleri bölmek ve sözcük eklerini kullanmaktır.

→ Bakan basın yoluyla konu hakkında açıklama yaparak halkı sakinleştirmeye çalıştı.

√ Bakan basın yoluyla konuyu açıklayarak halkı sakinleştirmeye çalıştı.

√ Bakan basın açıklamasıyla halkı sakinleştirmeye çalıştı.

Sıralı isimlerde vurgulamak için ekler tekrarlanabilir

Sıralı isimleri yazarken aynı görevdeki eki tekrarlamayıp yalnızca son sözcüğe ekleyebiliriz. Ancak cümlede her sözcüğe eşit vurgu isteniyorsa eki her sözcükte tekrarlayabiliriz.

→ Partimiz cumhuriyet ve demokrasinin savunucusu olacaktır.

√ Partimiz cumhuriyetin ve demokrasinin savunucusu olacaktır.(Vurgu)

→ Dragoman İngilizce eğitim, yazılı çeviri ve sözlü çeviride kaliteye önem verir.

√ Dragoman İngilizce eğitiminde, yazılı çeviride ve sözlü çeviride kaliteye önem verir. (Vurgu)

Yüklemin çoğul ya da tekil olmasına özen göstermeliyiz

Özne özel isim, kişi, önemli olay ve kurumlarsa yüklem çoğul olmalıdır. Özne, sıradan olay ve durumlarsa yüklem tekil olmalıdır.

→ Çalışmalar üç gün önce başladılar.

√ Çalışmalar üç gün önce başladı.

→ Öğrenciler ödevlerini yaptı.

√ Öğrenciler ödevlerini yaptılar.

Bazen saygı veya alay maksadıyla da çoğul yüklem kullanılır:

→ Müdür Bey geldiler.

Eş anlamlı sözcükleri bir arada kullanmamalıyız

Eş anlamlı sözcüklerin bir arada kullanılması laf kalabalığına yol açacak ve bizi yalın Türkçe kullanımından uzaklaştıracaktır.

→ Aramızdaki görüş ayrılığının sebebinin neden kaynaklandığını bulmalıyız.

√ Aramızdaki görüş ayrılığının sebebini bulmalıyız.

√ Aramızdaki görüş ayrılığının neden kaynaklandığını bulmalıyız.

→ Toplantının sonuçları açık ve net bir şekilde görülmektedir.

√ Toplantının sonuçları açık bir şekilde görülmektedir.

Ses benzeşmelerine dikkat etmeliyiz

Okunuşları benzer sözcükleri çoğu zaman yanlış kullanırız. Bu sözcüklerin yanlış eklerle veya yanlış görevde kullanılması anlatım bozukluğuna yol açar.

→ Toplantının sonucunda müdür kısa bir konuşma yaptı.

√ Toplantının sonunda müdür kısa bir konuşma yaptı.

Sıkça karıştırılan bazı ses benzeşmeleri şunlardır :

mahsur: kuşatılmış	**mahzur:** engel
mütehassıs: uzman	**mütehassis:** duygulu
mütevâzî: paralel	**mütevazı:** alçak gönüllü
portre: insan resmi	**porte:** bir işin genişlik ve önem derecesi
rekâbet: binme	**rekabet:** rakiplik
yönetmenlik: "yönetmen"lik mesleği	**yönetmelik:** tüzük
vâris: mirasçı	**varis:** toplardamar genişlemesi

Söz dizimi yanlışlığı yapmamalıyız

Türkçemizde kurallı cümleler özneyle başlar, yüklemle biter. Hatalar genellikle sıfat ve zarf sıralarındaki yanlışlıklardan kaynaklanıyor.

→ Kızımız çok güneşte kaldığından rahatsızlandı.

√ Kızımız güneşte çok kaldığından rahatsızlandı.

Anlamca çelişen sözcükleri bir arada kullanmamalıyız

Anlamca çelişen sözcükler hem anlam bulanıklığına hem de laf kalabalığına neden olur. Bu hatayı çoğu zaman olasılık anlamı içeren bir sözcüklerle ve kesinlik anlamı içeren bir sözcükleri beraber kullanarak yaparız.

→ Bu sıcakta eminim çok bunalmışsınızdır herhalde.

√ Bu sıcakta eminim çok bunalmışsınızdır.

√ Bu sıcakta herhalde çok bunalmışsınızdır.

Eş anlamlı sözcüklerin nüanslarına dikkat etmeliyiz

Türkçede aşırı sadeleşme, anlamda düzleşmeyi, nüanslarda kaybolmayı da beraberinde getirmektedir. Büyük ile iri, ulu ile görkemli, geniş ile engin aynı şeyler değildir. Anlam kaybına yol açmadan yazmanın mantığını "gereklilik" sözcüğünün eş anlamlarıyla inceleyelim:

√ Toplantıyı erken bitirmek için, erken başlamak gerekiyor.

√ Ekonominin daha çok döviz girdisine ihtiyacı var.

√ Gölette yüzmek tehlikeli ve yasaktır.

√ Bir fincan kahve rica ediyorum.

√ Bütçede indirim talep ediyoruz.

√ Kış lastiği takmak yasal bir zorunluluktur.

√ Anne babaya saygılı davranmalısın.

√ Deprem mücbir sebeplerden biridir.

√ IMF ile birlikte çalışıyoruz ama ona muhtaç değiliz.

√ Yazın bol su içmek sağlık için yararlıdır.

Olumsuz yan anlamı olan sözcükleri olumlu anlamda kullanmamalıyız

Sözcüklerin ilk anlamı kadar, yan anlamları ve çağrışımları da önemlidir. Örneğin; "Fazla" sözcüğü, "olması gerekenden çok", "istenenden fazla" gibi bir yan anlam taşıdığı için olumlu cümlelerde kullanılırken dikkat edilmelidir.

→ Daha fazla şansınızın olması için her paketten iki tane alınız.

√ Daha çok şansınızın olması için her paketten iki tane alınız.

Aynı şekilde "neden olmak, yol açmak, sağlamak" gibi sözcükler ve söz öbekleri de anlamına uygun kullanılmalıdır.

Cümle olumlu ise "sağlamak", olumsuz ise "yol açmak", nötr ise "neden olmak, sebebiyet vermek" kullanılmalıdır.

→ Enflasyon artışı alım gücünün azalmasını sağladı.

√ Enflasyon artışı alım gücünün azalmasına yol açtı.

Türkçe karşılığı olan yabancı sözcükleri özensiz kullanmaktan kaçınmalıyız

Dilimize yerleşmiş yabancı sözcüklere, Türkçenin kurallarına göre dönüşüm geçirip yerleştikten on yıllar sonra itiraz etmeyi yersiz buluyoruz; problem, televizyon, telefon, aşk, hayat, kurultay örneklerinde olduğu gibi. Yabancı sözcükleri tümüyle reddedip, bu sözcüklerin Türkçe karşılığını kullanmalıyız savı, yanıltıcı bir klişe. Türkçemiz, Sevan Nişanyan'ın "Sözlerin Soyağacı" isimli etimolojik sözlüğünde ayrıntılarıyla bulacağınız onlarca dilden sözcük almıştır ve almaktadır.

Diğer dillerden sözcük almak, bir dilin ve kültürün zenginleşmesi için gereklidir. Ancak kendi dilini seven her okur yazar, anadilindeki sözcüklerle yazmaya ve düşünmeye, yabancı dilden gelen sözcükleri de kendi dilinin ses ve anlatım kurallarına uygun olarak kullanmaya alışmalıdır. Aşağıdaki örneklerde göreceğiniz üzere, Türkçe sözcüklerle ve temiz Türkçeyle yazmak çoğu zaman hiç de zor değildir. Çağdaş dilin söz öbeğini tartışırken, halka mal olan, halkın benimsediği, ve belki Macarca, belki Moğolcadan gelse de öz Türkçeymişcesine kabul gören sözcükleri ustalıkla kullanan yazarlarımız ve şairlerimiz rehber kabul edilmelidir. Konuyu birkaç uzman (evet birkaç) kadrosuyla ve kısıtlı imkanlarla çalışan Türk Dil Kurumuna terk etmenin dilimizin gelişmesi için yeterli olmadığı ve olmayacağı ortada.

→ Okul aktivitelerine katılmak zorunludur.

√ Okul etkinliklerine katılmak zorunludur.

Kullandığımız bazı yabancı sözcüklerin Türkçe karşılıklarına bakalım, öğrenelim. Yönümüz taze, duru, yalın bir dile ulaşmak olsun. Bu niyetle, çağdaş yazarlarımızın farklı kökenlerden gelen sözcükleri ustalıkla harmanlayışlarını, edebi bir lezzetle bir arada kullanışlarını görelim ve örnek alalım.

adaptör:	uyarlayıcı
adisyon:	hesap
agresif:	saldırgan
airlines:	hava yolu
ajitasyon:	kışkırtma
aktif:	etkin, faal

akustik:	yankı bilim/yankılanım
alarm:	uyarı
almanak:	yıllık
alternatif:	seçenek
ambargo:	yaptırım
ambulans:	cankurtaran
anchorman:	ana haber sunucusu
antik:	eski
aranjman:	düzenleme
bariyer:	engel
boarding card:	uçuş kartı
briefing:	bilgilendirme
call Center:	çağrı merkezi
chat:	sohbet
check in/out:	giriş/çıkış yapmak
defans:	savunma
deklarasyon:	beyanname
dekor:	süs
detay:	ayrıntı
dizayn:	tasarım
doküman:	belge
dublaj:	seslendirme
egzersiz:	alıştırma
ekonomi:	iktisat
ekstre:	hesap özeti
elimine etmek:	ortadan kaldırmak
empoze:	dayatma
enternasyonal:	uluslararası
erozyon:	toprak aşınması
favori:	as
filtre:	süzgeç
final:	son/son sınav
format:	biçim
izolasyon:	yalıtım

jenerasyon:	nesil
kabine:	bakanlar kurulu
kampus:	yerleşke
komisyon:	encümen
komisyoncu:	aracı
kompozisyon:	kitabet/tahrir
korner:	köşe
kredibilite:	güvenilirlik
legal:	yasal
lider:	önder
market:	bakkal/çarşı/pazar
mobil:	gezgin
operasyon:	işlem, ameliye
organizasyon:	örgüt/topluluk
organize:	düzenlemek
pasif:	edilgen
Petrol:	neft
politika:	siyaset
popüler:	halkça tutulan/sevilen/yaygın
pozisyon:	durum/konum
prestij:	itibar
prospektüs:	tarif
provokasyon:	kışkırtma
radikal:	aşırı
referandum:	halk oylaması
reyting:	sıralama
sektör:	kesim
servis:	hizmet
shopping center:	alışveriş merkezi
sosyal:	toplumsal
spesiyal:	özel
sponsor:	destekçi
stant:	tezgah/sergi
star:	yıldız

süper:	ülken/üstün/koca
şanslı:	bahtlı/bahtı açık
termik:	ısıl
transfer:	aktarma
travma:	sarsıntı
trend:	gidiş/gidişat
vize:	ara sınav

Yardımcı fiilleri daha tasarruflu kullanabiliriz

Genelde batı dillerinden çevrilen metinlerde gördüğümüz "olmak, yapmak" gibi yardımcı fiiller, kısa ve öz yazmak amaç olduğunda, Türkçede çoğu zaman gereksizdir.

→ Duş almak - yıkanmak

→ Bekleme yapmak - beklemek

→ Açıklama yapmak - açıklamak

→ Başarılı olmak - başarmak

→ Başvuru yapmak - başvurmak

Sözcüklere yanlış ekler getirmekten kaçınmalıyız

→ Yemek yiyilip, salona geçildi.

√ Yemek yenilip, salona geçildi.

Yemek eylemi edilgen iken "yiyilmek" değil, "yenilmek" olur.

→ İki milletin kardeşane bir hayat sürmesi herkesin hayatını kolaylaştıracaktır.

√ İki milletin kardeşçe bir hayat sürmesi herkesin

hayatını kolaylaştıracaktır.

✓ İki milletin <u>kardeşçe yaşaması</u> herkesin hayatını kolaylaştıracaktır.

(Kardeş Türkçe iken –ane eki Farsçadır.)

→ Taraftarların tezahüratları tüm stadı inletti.

✓ Taraftarların <u>tezahüratı</u> tüm stadı inletti.

→ Aktarlarımızda çeşit çeşit baharatlar vardır.

✓ Aktarlarımızda çeşit çeşit <u>baharat</u> vardır.

(Arapça'dan geçen -at eki, çoğul ekidir.)

GAZETELERDEN ÖRNEKLER VE DÜZELTMELER

→ SGK ödemeyi yapsa buna göre alt yapıyı kurur, personeli sağlar ve bunu 5'e katlarız.

✓ SGK ödemeyi yapsa buna göre alt yapıyı <u>kurar</u>, personeli sağlar ve bunu 5'e katlarız.

→ Hiçbir tanımlamaya girmeden herhangi bir vatandaşımız.Tarihte hangi fonksiyonu görmüşe o inanç öyle yaşanmalı. Tanımlamalarla işe başladığımızda orada yeni sorunlar yeni tartışmalar çıkıyor, içinden çıkılamıyor.

✓ Paragraf yeterince açık değil. Son cümleyi yeniden yazmayı deneyelim: Tanımlarla işe başladığımızda orada yeni sorunlar, yeni tartışmalar ortaya çıkıyor, bunların içinden çıkılmıyor.

→ Mavi ve pembe renklerde hazırlanan sepetlerin ve diğer anı eşyalarının satış rekorları kırması ve bunları üreten markaların 244 milyon euro (615 milyon lira) ciro yaptığı belirtiliyor.

✓ Mavi ve pembe renklerde hazırlanan sepetlerin ve diğer anı eşyalarının satış rekorları kırdığı ve bunları üreten markaların 244 milyon euro (615 milyon lira) ciro yaptığı belirtiliyor.

→ Çocuklarda üniversiteli oluyor.

✓ Çocuklar da üniversiteli oluyor.

→ Farina'nın akciğerindeki kan pıhtılaşması nedeniyle Arizona eyaletinde öldüğünü açıklandı.

✓ Farina'nın akciğerindeki kan pıhtılaşması nedeniyle Arizona eyaletinde öldüğü açıklandı.

→ Papa'nın gelişi için her ne kadar 35 bin polis işbaşı yapsa güvenliğe karşı duyulan endişelerin azalmasını sağlayamadı.

✓ Papa'nın gelişi için her ne kadar 35 bin polis işbaşı yapsa da bu durum güvenlik konusundaki endişelerin azalmasını sağlayamadı.

→ Basın ve sosyal medyada hakaretle benzer nitelikte suç oluşturabilecek yayınlar sebebiyle 110 adet soruşturma başlatılmış olup, büyük çoğunluğu üst düzey devlet görevlilerine hakaret suçundan dolayı yapılan soruşturmalardır.

✓ Basın ve sosyal medyada hakaretle benzer nitelikte suç oluşturabilecek yayınlar sebebiyle 110 adet soruşturma başlatılmış olup, bunların büyük çoğunluğu üst düzey devlet görevlilerine hakaret suçundan dolayı başlatılmıştır.

→ Komutanlığa getirilen 6 polis, 16 figüranınla 6 tanığa gösterildi.

√ Komutanlığa getirilen 6 polis, 16 figüranla birlikte 6 tanığa gösterildi.

→ Sınırları Avrupa'ya dayanan Türkiye içinde Ab olmazsa Türk ekonomisinde büyük problemler olur.

√ Sınırları Avrupa'ya dayanan Türkiye için de AB olmazsa Türk ekonomisinde büyük problemler olur.

→ Antalya Kemer'de Kesme Boğazı deresi üzerinde yapılması planlanan HES için Çevre ve Şehircilik Bakanlığı onay verdi.

√ Antalya Kemer'de Kesme Boğazı deresi üzerinde yapılması planlanan HES'e Çevre ve Şehircilik Bakanlığı onay verdi

→ Yaşadıklarınıza nasıl bir reaksiyon gösterdiniz?

√ Yaşadıklarınıza nasıl tepki verdiniz?

→ CHP'nin hazırladığı 'Tutuklu Gazeteciler, Dünyanın En Büyük Gazeteci Cezaevi: Türkiye' açıklayan parti lideri Kılıçdaroğlu, 'Başbakan ülkeyi yarı açık cezaevine döndürdü.' diyerek bugünü 12 Eylül ile kıyasladı.

√ CHP'nin hazırladığı "Tutuklu Gazeteciler, Dünyanın En Büyük Gazeteci Cezaevi: Türkiye" raporunu açıklayan parti lideri Kılıçdaroğlu, "Başbakan ülkeyi yarı açık cezaevine döndürdü." diyerek bugünü 12 Eylül ile kıyasladı.

→ Amy'siz 2 yılda Amy'yi yaşatan bağzı şeyler.

√ Amy'siz 2 yılda Amy'yi yaşatan bazı şeyler.

BÖLÜM 4
YAZIM KURALLARI

"Bir ulusun yönetimi bana bırakılsaydı, önce dilini düzeltirdim."
Konfüçyus

Gülçin Acar

Fanoulla Andreou

Önsöz

Gülçin Acar

Sosyal açıdan hayatı ve hayatı oluşturan her şeyi çabuk tüketir konuma geldiğimiz için yazarken de çabucak yazıp geçmek ve vakit harcamamak isteriz.

Tez, makale, şiir, öykü, hikâye, not, e-posta yazarken veya sosyal ağlarda durum güncellerken öyle anlar gelir ki bir kelimenin yazılışında takılıp kalırız. Bazen, sosyal ağlardaki karakter ve yer kısıtlaması yüzünden bir şairin dizelerini nasıl alıntılayacağımızı bilemeyiz.

Tez ve makale yazarken noktalama işaretlerine dikkat etmemek, yazdıklarımızın ciddiye alınmamasına yol açabilir. Ayrıca, bilimsel bir metni yazarken, virgülün olması gereken yere konulmaması, o cümlenin defalarca okunmasına, yanlış yere konulması ise büyük yanlış anlaşılmalara sebebiyet verebilir. Yazdığımız konuda ne kadar uzman olursak olalım, kullandığımız dilin yazım kurallarına hâkim değilsek, anlatmak istediğimizi düzgün anlatamamış oluruz ve bu da itibarımıza gölge düşürür.

Sosyal medyada durum güncellerken veya e-posta yazarken dikkat etmediğimiz yazım kuralları ve imlâ hataları, zamanla alışkanlık haline dönüşerek özellikle de resmî yazışmalarımızda bizi bazen komik bazense zor duruma düşürebilmektedir.

İşte tüm bunları göz önüne alarak, resmi ve özel dil kaynaklarındaki çelişkilere düşmemeye çalışarak, Türkçedeki bütün yazım kurallarını ele almak yerine, yazarken genel anlamda zorlanılan konuları tespit edip birkaç ana başlık altında toplamayı tercih ettik.

-de / -da / -te / -ta Eklerinin Yazılışı

Bu ekler eğer bulunma durumunda ise kendilerinden önceki kelimeye birleşik yazılırlar. Özel isimlerle kullanıldıklarında ise ekler, kesme işaretiyle kendilerinden önce gelen isimlerden ayrılırlar. Birleşik yazılan bu ekler cümleden çıkarıldığında cümlenin yapısı ve anlamı bozulur.

→ Eve vardığında ara yoksa aklım sende kalır.

→ Kitabı Canan'da unuttum.

→ İçeceklerin hepsi dolapta.

de/da Bağlacının Yazılışı

a. de/da bağlacı Türkçe bir sözcüktür. Bu nedenle her zaman kendisinden önce gelen kelimeden veya isimden ayrı yazılır. İçindeki ünlü harf, kendisinden önceki kelimenin ünlüsüne göre değişir. Hiçbir zaman "te" veya "ta" olmaz.

→ "Kim bilir Fahri böyle derken belki de kendi hesabına kızın zekasını istismar ediyordu; bu da mümkün."
(Sait Faik Abasıyanık)

Not: de/da bağlaçları bulundukları cümleden çıkarıldıklarında, hafif cümle düşüklüğü olabilir ama genelde herhangi bir anlam kaybına yol açmazlar;

→ "Sen de bizimle geliyorsun, " cümlesinden "de bağlacı" çıkarıldığında meydana gelen "Sen, bizimle geliyorsun," cümlesi anlam açısından aynıdır.

b. Bilindiği üzere Türkçede, "de/da bağlacı" bazı cümlelerde "dahi, ama/fakat, bile" anlamlarını da taşıyabiliyor.

→ Sayende Sağır Sultan da adımı duymuş oldu!

Bu cümledeki "da bağlacı", "bile/dahi" anlamına gelmektedir.

→ İyi diyorsun, hoş diyorsun da nerede bizde o para?

Bu cümledeki da bağlacı ise "ama" anlamı taşımaktadır.

Bağlaç Olan -ki'nin Yazılışı

"-ki" eğer bağlaç durumundaysa ayrı yazılır. Şüphe belirtme ve pekiştirme için de kullanılır.

→ Kişi sayısı az olmayacak, kaldı ki biz de oraya gideceğiz.

→ Sizi mi aradılar ki?

→ Öyle korktum ki anlatamam!

-mi Soru Eki

a. Bu ek ayrı yazılır ve bulunduğu cümledeki son kelimenin son ünlüsüne bağlı olarak ünlü uyumuna uyar.

→ Öyle mi?

b. "-mi soru eki" kendisinden önceki sözcüğün vurgulanmasını sağlar.

→ Ağaçları mı yaktılar?

Ayrı Yazılan Birleşik Kelimeler

a. Etmek, Eylemek, Olmak, Kılmak

Bu yardımcı fiiller kendilerinden önce gelen kelimelerde herhangi bir ses düşmesi ya da türemesi söz konusu değilse ayrı yazılırlar;

→ kabul etmek, söz etmek, yok olmak, ayıp etmek

b. Birleşik Yazılma Durumları

Bu yardımcı fiiller, isim soylu bir sözcükle ya da ulaçla birleştiklerinde ortaya <u>yeni bir ses çıkarsa</u>, birleşik yazılırlar;

→ `hissetmek, zannetmek, hapsetmek, seyreylemek`

Noktalama İşaretleri

ÖNEMLİ: Özellikle sosyal medyada gördüğümüz başlıca sorunlardan biri, boşluğun noktalama işaretlerinden önce kullanılmasıydı. Nokta, iki nokta, üç nokta, virgül, noktalı virgül, soru, ünlem, tırnak ve ayraç kendilerinden önceki kelimelere birleşik yazılır ve kendilerinden sonra bir harf boşluk bırakılır. Fakat kesme işaretleri için istisnai bir durum söz konusudur. Kesme işareti kendisinden önceki kelimeye birleşik yazılsa da sonrasında boşluk bırakılmaz.

1. Nokta (.)

a. Tamamlanmış her cümlenin sonuna konur:

→ `"On beş günden beri köyden köye dolaşıyoruz."`

`(Yakup Kadri Karaosmanoğlu)`

b. Kısaltmalardan sonra konur:

→ `vb. (ve başkası), s. (sayfa).`

c. Sıra veya bölüm bildiren sayı ya da harflerden sonra -(i)nci eki yerine konur:

→ `1., A., a.`

d. Tarihlerin yazılışında gün, ay ve yılı birbirinden ayırmak için, gün ve ay bildiren sayılardan sonra konur:

→ `21.9.1990`

Tarihlerin ay adları yazıyla yazılıyorsa, ay adlarından önce ve sonra nokta konmaz;

→ 21 Eylül 1990

e. Saatleri rakamlarla yazarken, saat ve dakika gösteren sayları birbirinden ayırmak için konur:

→ Başbakanlık Merkez Binada saat 12.20'de başlayan toplantı, 8 saat 35 dakika sürdü.

f. Çok rakamlı sayılarda, yüzleri, binleri, milyonları vb. birbirinden ayırmak için araya nokta konur:

→ 1.234.567

2. Virgül (,)

a. Tümcede sıralanan eş görevli sözcükler ya da söz gruplarını ayırmak için konur:

→ "Okullarda, yolculuklarda, kahvelerde, sokaklarda, devlet dairelerinde, kışlalarda, hastanelerde, bir yığın insan içine karıştım şimdiye kadar."
(Necati Cumalı)

b. Bileşik sıralı cümleleri birbirinden ayırmak için konur:

→ "Bu dallardan kendimize atlar yapar, cirit oynar, yarışa çıkardık."
(Ömer Seyfettin)

c. Uzun cümlelerde yüklemden uzak kalmış özneden sonra kullanılabilir;

→ "Necmi, sadrazamın konağından dönünce, onu kapının önünde buldu.
(Nahit Sırrı Örik)

d. Tümcede arasözlerin ya da ara cümlelerin başına ve sonuna konur:

→ "Bunu sen de seziyor, arada sırada, hatta sık sık
kardeşlerini nasıl okutacağından, bizim için neler
tasavvur ettiğinde bahsediyorsun."

(Tarık Buğra)

e. Seslenme bildiren sözcükler ve hitaplardan sonra konur:

→ "Senem, bir kepçe daha koy kızım şu çorbadan."

(Tomris Uyar)

3. Noktalı Virgül (;) - Kullanımı en az bilinenlerden olup bir nevi öksüz kalmıştır.

a. Cümle içinde virgülle ayrılmış sözleri ya da söz grupları farklı sözlerden ya da söz gruplarından ayırmak için konur:

→ Yunanistan, İtalya, Fransa; Atina, Roma, Paris.

b. Öğeleri arasında virgül bulunan sıralı ve uzun cümleleri birbirinden ayırmak için konur:

→ "Odasına çıktı, gecelik entarisini, şam hırkasını
giydi; pencerenin önüne oturdu."

(Memduh Şevket Esendal)

c. İki cümleyi birbirine bağlayan "ama, fakat, çünkü, ancak" gibi bağlaçlardan önce konur:

→ "Ben dinlemedim; ama Erenköyü'nde oturan
komşularından işittim."

(Ömer Seyfettin)

4. İki Nokta (:)

a. Bir cümle veya sözcükten sonra açıklama veya örnek verilecekse kullanılır:

→ "Mektepte yalnız bir nevi ceza vardı: Dayak...".

(Ömer Seyfettin)

b. Konuşma metinlerinde, kimin konuşacağı belirtikten sonra konur:

→ "Şükrü:

-Sen gidedur, ben sana yetişirim, dedi, oradaki odun deposuna girdi."

(Memduh Şevket Esendal)

Ayrıca, iki nokta işaretinden sonra gelen bölüm bağımsız bir cümleyse, bu cümle büyük harfle başlar.

5. Üç Nokta (...)

a. Bir cümlenin sonuna benzer örneklerle devam edileceğini göstermek için konur:

→ "Işıklarda neşe, renklerde neşe, insanlarda neşe..."

(Orhan Hançerlioğlu)

b. Anlamca bitmemiş ya da bitirilmemiş cümlelerin sonuna konur:

→ "Böylece biz ona bütün bütün bağlanırken, dünyamız artık tamamen onunla hudutlanırken..."

(Tarık Buğra)

c. Alıntılarda, başta ortada ve sonda alınmayan sözcüklerin ve bölümlerin yerine konur:

→ "...Geceleri ise bahçeye çıkmak imkânsızdı. Bizans'tan kalma bu surların altında neler olmuş, neler geçmişti!..."

(Oktay Akbal)

d. Ünlem ve seslenmelerde anlatımı pekiştirmek için konur:

→ Yok artık!...

Not: Ünlem işareti sonrasında, üç nokta yerine iki nokta konulması da yeterlidir fakat üçten fazla nokta konulmaz.

6. Sıra Noktalar (.......)

a. Herhangi bir alıntı yapılmak istendiğinde, alıntı yapılacak metinde atlanması gereken yerler varsa ve bu yerler uzunsa, sıralı noktalar kullanılır. Sıralı noktalar beş veya yedi noktadan oluşur:

→ ".......Sancılarımla baş başayım. Cezalıyım. Fillerim ölmek için mezarlığa yürüyor......."

(küçük İskender)

Bu noktalar ayraç içine de alınabilir.

b. Söylenmek istenmeyen kelimenin yerine kullanılır:

→ Her şeyin içine .... zaten!

Bu durumda sıra noktalar yerine üç nokta kullanılması da yeterlidir.

c. Hikaye ve roman gibi yazı türlerinde, cümlede suskunluk veya düşünceye dalma söz konusu ise kullanılır:

→ -Söylemek istediğin bir şey var mı?

   -.......(susma)

7. Ünlem İşareti (!)

a. Duyguları ve düşünceleri dile getiren cümlelerin sonuna konur:

→ "Eyvah! Şu andaki hiçliğimin altında eziliyorum."
(Orhan Kemal)

b. Alay söz konusu ise ünlem işareti, ayraç içine alınarak kullanılır:

→ Biri vefasızlıktan (!) mı dem vuruyor?

8. Soru İşareti (?)

a. Soru anlamı taşıyan cümleler ya da cümlede soru anlamı veren sözcükler varsa, cümlenin sonuna konur:

→ "Kızım o başına taktığın kırmızı çiçeğin adını bilir misin?"
(Refik Halit Karay)

b. Kesin olarak bilinmeyen tarih, yer veya bir bilginin kesin olmadığı durumlarda kullanılır:

→ İbrahim Şinasi (1826 ?-1871)

9. Kısa Çizgi (-)

a. Cümle sonunda sözcük yarım kaldığında konur:

→ "Afrika çöllerinde geçen bir seyahat romanı okuyor-muşum gibi çok uzak, çok korkunç, fakat yarı yalan gibi görünüyor."
(Refik Halit Karay)

b. Cümle içindeki ara sözlerin başında ve sonunda kullanılır (çizgiler arasöze yaklaştırır):

→ "Ayrıca kocamın annesi yanımıza gelmişti ve -doğası gereği- bilmeden bana eziyet etmekteydi."

(İnci Aral)

c. Bir olayın başlangıç ve bitiş tarihleri arasında konur:

→ 1990-2000

d. Osmanlıca ve Farsça tamlamalarda kullanılır:

→ Aşk-ı Memnu

10. Uzun Çizgi (—)

Konuşma metinlerinde konuşmaların başında kullanılır:

→ "— Size ne bizdekilerden?

— Onlar kitap kavlince bizim sayılır.

— Kitap kavlince mi?

— Evet Çorbacı."

(Hakkı Kamil Beşe)

11. Eğik Çizgi (/)

a. Bir şiirden alıntı yaparken dizelerin yan yana yazılması gerekiyorsa, her dizenin arasına boşluk bırakılmadan konur:

→ "Unutma ki/Her seven adsız bir kahramandır/Unutma ki/ İnsan; sevebildiği kadar insandır."

(Ümit Yaşar Oğuzcan)

b. Tarih yazılırken kullanılır, araya boşluk konulmaz:

→ 04/07/2014

12. Tırnak İşareti (")

a. Tümce içinde alıntıları belirtmek için kullanılır:

→ "İşte Leonard Cohen, üst kattaki odalardan birinde sessizce oturuyor."

(Tuna Kiremitçi)

Böyle durumlarda, tırnak içindeki alıntında bulunan işaretler (nokta, virgül, soru işareti vb.) tırnak işaretlerinin içinde kalır.

b. Vurgulanmak istenen sözün veya sözcüğün başına ve sonuna eklenir;

→ Günümüzün en önemli sorunlarından biri de "çevre kirliliği"dir.

Tırnak içindeki sözün veya sözcüğün sonunda ek varsa, kesme işareti ile kesilmez. Bunun yerine, getirilecek ek, tırnak işaretinin hemen sonrasına boşluk bırakılmadan yazılır.

13. Tek Tırnak (')

Tek tırnak, İngilizcenin etkisiyle dilimizde hatalı olarak yaygınlaşmaktadır. Tek tırnağı çift tırnağın yerine kullanmamak gerekir. Şayet alıntılanacak metnin içinde bir başka alıntı mevcutsa, alıntı metnin içindeki alıntı, tek tırnak içinde kullanılır.

→ "Bu cümlenin sahte bir sesle söylenmesinin hepimizi 'bir dantelacı kız' hâline sokmasından korktum belki."

(Ahmet Altan)

14. Kesme İşareti

Kesme işaretinin kullanımı ve istisnaları en tartışmalı konulardandır. Kesme işaretini özel isimlere değil de şahıs isimlerine koymak işimizi kolaylaştırabilir. Yapım eklerinde kullanılmamalıdır. Örnek durumları gelin birlikte değerlendirelim.

a. Kısaltmalara gelen ekleri ayırmak için kullanılır.

→ TDK'nin, TBMM'de, ÇEVBİR'e...

b. Türkçede bazı sesler söyleniş gereği düşer, bu düşmeyi göstermek için kesme işareti kullanılır.

→ "Engel aramızı açtı n'eyleyim"

(Karacaoğlan)

c. Yabanci dilden alıntılanan sözcükleri ayırt etmek için kullanılır. Özellikle yazılım ve donanım yerelleştirmelerinde karşımıza çıkar.

→ Start'a basarak ilgili menüye ulaşabilirsiniz.

(Yazılım)

→ Manhattan'ın en güzel yerinde bir daire düşleyin.
(Öykü)

d. Hukuk sözleşmelerinde tarafları, ürün ve hizmetleri ayırt etmek amacıyla kullanılır.

→ Tedarikçi'nin sorumlulukları aşağıdaki gibidir.

→ Yüklenici'nin İdare'ye sunacağı hizmetler...

14.1. Yapım ve Çekim Eklerinde Kesme İşareti

En çok yapılan yanlışlardan ve en tartışmalı konulardan biri de, özel isimlere gelen yapım ve çekim ekleri ile ilgilidir. TDK kılavuzları bu konuda istisnalara ve çelişkili örneklere yer vererek kafa karışıklıklarına neden olmaktadır. Yapım eklerini ayırmama prensibini öneriyor ve destekliyoruz.

a. İsimlere getirilen yapım eklerinde kullanılışı

Özel isme getirilen yapım eki veya çokluk eki, kesme işareti ile ayrılmaz. Yapım eklerinden sonra gelen çekim ekleri de ayrılmaz.

→ Türkçü, Türkleşmek, Avrupalı, Müslümanlık,
İstanbullu, Ayşeler, Türkçede, İngilizceden...

b. İsimlere getirilen çekim eklerinde kullanılışı

Şahıs isimlerine getirilen çekim ekleri, şahıs isminden kesme işareti ile ayrılarak yazılır. Ayrıca, kesme işaretinden önce veya sonra boşluk bırakılmaz.

→ Fatih'in, Ali'de, Melek'se, Resmî Gazete'de,
Ankara'ya...

14.2. Kesme İşaretinin Kullanılmadığı Diğer Durumlar

a. Özel isme gelen iyelik ekleri, tıpkı yapım ekleri gibi, kesme işareti olmaksızın bitişik yazılır;

→ Emirgan Korunuz, Divan Edebiyatı Müzemiz, Atatürkümüz...

b. Özel isim, bir kuruma, kuruluşa veya iş yerine aitse kesme işareti kullanılmaz..

→ Türkiye Büyük Millet Meclisinin...

→ Samsun Anadolu Lisesinin...

15. Ayraç ( )

a. Metnin herhangi bir bölümünde konuyla ilintili bir açıklama yapılması gerekiyorsa ama bu açıklama konuyla tam bir bağlantı içinde değilse, açıklanacak cümle veya kelimenin başına veya sonuna konulur.

→ Çeviribilime yaklaşım ne yazık ki bu yönde (Tabii sözüm meclisten dışarı) ve insanlar Çeviribilimin bir bilim olduğunun farkında değiller.

b. Yapılan alıntılarda, alıntılananın yazar, kitap ve künye bilgilerini verilirken kullanılır.

→ "Havuzda yıldızların aksine bakıyoruz; fakat aynı
şeyi hissettiğimizden emin olmamak azabı içindeyim."

(Peyami Safa)

→ "Var olmayan bir varlıktır, geçmiş." (Ahmet Altan)

c. Yazılan bir bilginin kesinliğinden emin olunmadığı durumlarda, ayraç içine soru işareti konularak kullanılır.

→ Yazar 1789 (?) yılında doğmuştur.

d. Bir metinde maddeler verirken kapama ayracı ile birlikte sayılar veya harfler kullanılır.

→ I)   1)   A)   a)

→ II)   2)   B)   b)

e. Bir senaryoda ya da tiyatro eserinde konuşanın durumunu ve/ya hareketini göstermek için kullanılır.

→ Nîdâ- (kapıya yönelerek, alaycı bir ses tonuyla)
Tabii, sen de ne sözünde duran birisindir ya!

16. Köşeli Ayraç ([ ])

Bir ayraç içinde başka bir ayraç daha kullanılması gerekiyorsa ayraç, köşeli ayraç içine alınarak kullanılır.

→ küçük İskender [Derman İskender Över (49)] iyi bir şair
ve yazar olmasının yanında iyi de bir eleştirmendir.

17. Düzeltme işareti (^) kullanımı gittikçe azalmaktadır

Kullanımı gittikçe azalan bu işaretin, kılavuzlarda geçen kurallarını aşağıda belirtmekle beraber, anlamı karıştırma olasılığı yüksekse kullanmayı öneriyoruz. Örneğin, "işaret, kağıt" gibi sözcüklerde de eskiden düzeltme (inceltme) işareti kullanılırdı. Ama bugün başka bir sözcükle karıştırma olasılığı kalmadığından kullanma gereği ortadan kalkmaktadır.

a. Yazılışları aynı fakat anlam ve okunuşları farklı kelimelerde kullanılır.

→ kar-kâr, alem-âlem, şura-şûra, aşık-âşık, hal-hâl...

b. Türkçeye, Arapça ve Farsçadan giren bazı kelimelerdeki ve özel isimlerdeki g ve k ünsüzlerinin ardından gelen a ve u ünlülerinin üzerine konulur. Ancak, anlamı karıştırma olasılığı olmayan aşağıdaki örneklerde kullanımı terk edilmiştir:

→ hikâye, yadigâr, meskûn, sükût...

Ayrıca yer ve kişi isimlerinde de ince ünsüzünün ardından gelen a ve u ünlülerinin üzerine konulur. Bu kullanım da çoğunlukla terk edilmiştir.

→ Halûk, Selânik, Nigâr...

c. Nispet ekinin, iyelik ve belirtme durumu ekiyle karışmasını önlemek amacıyla kullanılır. Nadiren uygulanmaktadır.

→ ilmî, edebî, resmî...

Sayıların Yazılışı

a. Birden fazla kelimeden oluşan sayıların her biri ayrı yazılır:

→ Sekiz yüz, yedi bin üç yüz altmış beş...

b. Para ile ilgili işlemlerde ve ticari belgelerde sayılar hem rakamla hem ayraç içerisinde yazıyla yazılır ve sonradan rakamlarda değişiklik olmaması için boşluk bırakmadan birleşik yazılır.

→ 650,35 (altıyüzelliTL,otuzbeşkr.)

c. Yüzde ve binde işaretleri ile yazılan sayılar, bu işaretlere bitişik yazılır:

→ %80, ‰50

d. Birden ona kadar sayma sayıları finansal veya bilimsel tabloların dışında, cümle içerisindeyken yazıyla yazılır.

→ İki önemli açıklama yapacağım.

e. Yabancı şirketlerle yapılan yazışmalarda tarihlerin ayını yazıyla yazmak daha iyidir. Çünkü bazı ülkeler rakamla önce ayı yazarlar. Oysa Türkçemizde ilk rakam günü gösterir.

→ 10 Ağustos 2014

Kaynakça

Ali Püsküllüoğlu: Türkçe Sözlük. İstanbul: Can Yayınları, 2007

http://www.tdk.gov.tr/index.php?option=com_content&view=category&id=50 (Son erişim tarihi: 04.08.2013)

http://www.tdk.gov.tr/index.php?option=com_seslissozluk&view=seslissozluk (Son erişim tarihi: 04.08.2013)

Örneklerde Yararlanılan Kaynaklar;

Ahmet Altan: İçimizde Bir Yer. İstanbul: Alkım Yayınevi, 2004

Ahmet Altan: Kristal Denizaltı. İstanbul: Alkım Yayınları, 2004

Hakkı Kamil Beşe: Güzel Yazılar-Hikayeler 2. "İtalya Krallığı'nın Nişancıbaşısı ve Yörük Ali Efe". Haz.: Parlatır, İsmail. Ankara: Türk Dil Kurumu Yayınları, 2008

İnci Aral: Unutmak. İstanbul: Merkez Kitaplar, 2008

küçük İskender: sarı şey. İstanbul: Sel Yayıncılık, 2010

küçük İskender: Zatülcenp. İstanbul: Sel Yayıncılık, 2011

Memduh Şevket Esendal: Güzel Yazılar-Hikayeler 1. "Hayat Ne Tatlı". Haz.: Parlatır, İsmail. Ankara: Türk Dil Kurumu Yayınları, 2008

Necati Cumalı: Güzel Yazılar-Hikayeler 2. "Aklım Arkada Kalacak ". Haz.: Parlatır, İsmail. Ankara: Türk Dil Kurumu Yayınları, 2008

Oktay Akbal: Güzel Yazılar-Hikayeler 2. "Bizans Definesi". Haz.: Parlatır, İsmail. Ankara: Türk Dil Kurumu Yayınları, 2008

Orhan Hançerlioğlu: Güzel Yazılar-Hikayeler 2. "Mustafa Kemal'in Askerleri". Haz.: Parlatır, İsmail. Ankara: Türk Dil Kurumu Yayınları, 2008

Orhan Kemal: Avare Yıllar (Küçük Adamın Romanı 2). İstanbul: Epsilon Yayınevi, 2005

Refik Halit Karay: Güzel Yazılar-Hikayeler 1. "Ayşegül". Haz.: Parlatır, İsmail. Ankara: Türk Dil Kurumu Yayınları, 2008

Memduh Şevket Esendal: Güzel Yazılar-Hikayeler 1. "Hayat Ne Tatlı". Haz.: Parlatır, İsmail. Ankara: Türk Dil Kurumu Yayınları, 2008

Ömer Seyfettin: Güzel Yazılar-Hikayeler 1. "Ant". Haz.: Parlatır, İsmail. Ankara: Türk Dil Kurumu Yayınları, 2008

Ömer Seyfettin: Güzel Yazılar-Hikayeler 1. "Ant". Haz.: Parlatır, İsmail. Ankara: Türk Dil Kurumu Yayınları, 2008

Ömer Seyfettin: Güzel Yazılar-Hikayeler 1. "Kaç Yerinden". Haz.: Parlatır, İsmail. Ankara: Türk Dil Kurumu Yayınları, 2008

Peyami Safa: Dokuzuncu Hariciye Koğuşu. İstanbul: Alkım Yayınları, 2004

Refik Halit Karay: Güzel Yazılar-Hikayeler 1. "Ayşegül". Haz.: Parlatır, İsmail. Ankara: Türk Dil Kurumu Yayınları, 2008

Nahit Sırrı Örik: Güzel Yazılar-Hikayeler 1. "Şair Necmi Efendinin Bahar Kasidesi". Haz.: Parlatır, İsmail. Ankara: Türk Dil Kurumu Yayınları, 2008

Tarık Buğra: Güzel Yazılar-Hikayeler 2. "Oğlumuz". Haz.: Parlatır, İsmail. Ankara: Türk Dil Kurumu Yayınları, 2008

Tarık Buğra: Güzel Yazılar-Hikayeler 2. "Oğlumuz". Haz.: Parlatır, İsmail. Ankara: Türk Dil Kurumu Yayınları, 2008

Tomris Uyar: Güzel Yazılar-Hikayeler 2. "Kurban". Haz.: Parlatır, İsmail. Ankara: Türk Dil Kurumu Yayınları, 2008

Tuna Kiremitçi: Yolda Üç Kişi. İstanbul: Doğan Kitap, 2005

Ümit Yaşar Oğuzcan: Acılar Denizi-Tüm Şiirleri 1. İstanbul: Özgür Yayınları, 2001

Yakup Kadri Karaosmanoğlu: Güzel Yazılar-Hikayeler 1. "Ceviz". Haz.:
Parlatır, İsmail. Ankara: Türk Dil Kurumu Yayınları, 2008

Yaşar Kemal: Karıncanın Su İçtiği-Bir Ada Hikayesi 2. İstanbul: Adam
Yayınları, 2002

BÖLÜM 5
SOSYAL MEDYADA TÜRKÇE YANLIŞLARI
VE
İNTİHAL

"Dil, insanın karakterinin bir parçasıdır."
Bacon

Gülçin Acar

Fanoulla Andreou

Önsöz

Fanoulla Andreou

Bu bölümde sosyal medyada sıkça yapılan yazım hatalarından, "emek hırsızlığı" da denilen intihalden, eleştirilerdeki ölçüsüzlükten ve cinsiyetçi söylemlerden örneklerle bahsedeceğiz.

Belirtmeliyiz ki bu bölümde verdiğimiz tüm örnekler, gerçek kişilerin Twitter ve Facebook adreslerinden alınmıştır ve kişilerin isimleri, profil fotoğrafları ve örneklerdeki küfürler kapatılmıştır.

Ayrıca örnekleri seçerken bazı noktalara özellikle dikkat ettik. Aşırı nefret ve cinsiyetçi söylemler içeren örnekleri almaktan kaçındık. Bunların yerine en basit ve en sık görülen örnekleri almayı tercih ettik.

Sosyal medyada hem Türkçe hataları yaygın hem de insanlar kaynak göstermeden herşeyi paylaşıyor. Çok yanlış bilgiler de paylaşılıyor. Bazen de sanki kendisi yazmış gibi paylaşanlar oluyor ki, bu da doğru bir davranış değil. Kaynağı ve doğruluğunu araştırmak; paylaşırken kaynak göstermek en güzeli.

Sosyal Medyada Yazım Yanlışları

Facebook ve Twitter gibi sosyal ağlardan seçtiğimiz örneklerin çoğunda, noktalama işaretleri bazen hiç kullanılmamakta genellikle de yanlış kullanılmaktadır.

1. Kesme ve Tırnak İşaretleri (Tek Tırnak - Çift Tırnak)

Aşağıdaki örneklerde göreceğimiz gibi, kesme işareti tırnak işaretinin kullanılması gereken yerde kullanılmış. Unutmamalıyız ki kesme işaretinin asıl amacı, isimlere, kısaltmalara ve sayılara getirilen ekleri ayırmaktır. Hiçbir zaman yazdığımız metindeki alıntıları bu işaretlerle belirtmemeliyiz. Ayrıca vurgulanmak istenen sözün veya sözcüğün başına ve sonuna kesme işareti değil, tırnak işareti eklenir.

Aşağıdaki örnekte tırnak işaretinin yerine kesme işareti kullanılmış. Bu cümledeki "hayran" sözcüğü vurgulanmak istendiğinden kesme işareti değil, tırnak işareti kullanılmalıydı.

Fernandes'in 'hayran' gerginliği!

Bu örneğin doğru hali şudur:

√ Fernandes'in "hayran" gerginliği!

2. Nokta, Virgül, Soru ve Ünlem İşaretleri

Boşluk bu işaretlerden önce değil <u>sonra</u> bırakılır.

Aşağıdaki örneklerde nokta, virgül soru ve ünlem işaretlerinden sonra boşluk bırakılmıştır fakat boşluk, bu işaretlerinden önce değil sonra bırakılmalıdır.

Önce egolarını öldür , sonra konuşalım.

√ Önce egolarını öldür, sonra konuşalım.

Bazıları daha dinlemeyi öğrenmedi ki konuşsun .

√ Bazıları daha dinlemeyi öğrenmedi ki konuşsun.

🔲 Az sev ; uzun sev!!

√ Az sev; uzun sev!

🔲 Bir anne atasözü:

-Bu ne bu kağıtlar ?

-Bunlar atılcak mı?

-Bak bi şunlara atılcaksa atıym.

√ Bir anne atasözü:

- Bu ne bu kağıtlar?

- Bunlar atılacak mı?

- Bak bir şunlara atılacaksa atayım.

3. Üç Nokta

Üç nokta işaretinin hatalı kullanışı da dikkatimizi çekti. Üç nokta işaretinin sanki "daha ekonomik" olsun diye farklı bir halinin kullanılışına yani iki nokta olarak yazılışına rastladık. Unutmamalıyız ki, sadece ünlem ve soru işaretinden sonra üç nokta yerine iki nokta konulması, yaygın olmamakla birlikte, yeterlidir. Normalde, üç nokta yerine iki veya daha çok nokta kullanılmaz.

Aşağıdaki örnekte üç nokta kullanılması gerekirken sadece iki nokta kullanılmış.

📘 Satılık ipad 3/4, 16 gb beyaz.. Takas makas ps3 falan filan.. Cepten ulasing.

√ Satılık iPad 3 ve 4, 16GB beyaz... Takas makas PS3 falan filan... Cepten ulaşın.

İngilizce -ing takısıyla fiil yapılması da ayrı bir tartışma konusu.

4. de/da Bağlacı

de/da bağlacı Türkçede başlı başına bir sözcük olduğundan dolayı her zaman kendisinden önce gelen kelimeden veya isimden ayrı yazılmalıdır. Bağlaç olan de/da ile isim durum eklerinden olan -de/-da karıştırılıp kendinden önce gelen kelime veya isimle birleştirmemelidir. Cümledeki de/da bağlaç olup olmadığını cümlenin anlamından çıkarabiliriz. de/da kendisinden önce gelen kelimenin son ünlüsüne uyarak değişmeli, fakat kendisinden önce gelen kelime sert sessizle bitse bile de/da sertleşerek hiçbir durumda te/ta olarak değişmemelidir.

Aşağıdaki örnekte, "de bağlacı" kendinden önce gelen kelime (ben) ile birleştirilmiş. Daha önce de anlattığımız gibi de/da bağlacı Türkçede ayrı bir sözcüktür ve ayrı yazılmalıdır.

Bende evdeyim iştee boş boş takılıyorum siz sormadan ben söyliyim dedim :D

√ Ben de evdeyim işte, boş boş takılıyorum, siz sormadan ben söyleyeyim dedim.

5. ki Bağlacı

Cümledeki ki bağlaç olarak kullanılıyorsa ayrı yazılmalıdır. İşte sıkça yapılan bu hataya örnek:

Öyle adamlar varki 100 lira verip etek giy desem giyer sonrada benim dedem zaten iskocyaliydi der...

√ Öyle adamlar var ki 100 lira verip etek giy desem giyer sonra da benim dedem zaten İskoçyalıydı der...

Not: ki bağlacını, -ki iyelik ekinden ayırmak aslında pek zor değil. -ki'den sonra ekleyeceğiniz -ler/-lar çoğul eki cümle düşüklüğüne neden oluyorsa, o -ki eki "bağlaçtır".

→ Gördüm ki, senden adam olmaz.

"Gördüm kiler" yaptığımızda cümle düşüklüğü oluyor.

→ Sizinki yine birinci olmuş.

"Sizinkiler" yazınca cümle düşüklüğü olmuyor.

6. -mi Soru Eki

-mi soru eki, kendisinden önce gelen kelime ile birleştirilmez.

Aşağıdaki örnekte, -mi soru eki kendisinden önceki kelimeye birleşik yazılmıştır ve soru işareti konulmamıştır. Oysa -mi soru ekinden önce bir boşluk bırakılır yani kendisinden önceki kelimeden ayrılır.

Kopegin havlamasi Ayinin kulagina degermi

√ Köpeğin havlaması ayının kulağına değer mi?

Sosyal Medyada İntihal (Kaynak Göstermeme)

Sosyal medyanın en büyük yarası, "plagiarism" terimiyle de bilinen "intihal"dir. Günümüzde, sosyal medya kullanımının yaygınlaşmasıyla birlikte intihalin örnekleri oldukça çoğalmıştır. Sıradan bir sosyal medya kullanıcısından yayın evlerine hatta gazetecilere ve yazarlara kadar hemen herkes kaynak göstermeden, sanki kendi bilgisi ve görüşüymüş gibi yazmaktadır.

Kaynak göstermemek kadar kaynağı sorgulamamak da büyük bir kusur. Uydurma haberler, asılsız suçlamalar, yargısız infazlar, algı operasyonları, troller hayatımızın davetsiz ve süresiz misafirleri olmuş gibiler. Kaynağı sorgulamayı ayrı bir tartışma başlığına bırakarak, bilgi aşırma başlığına devam ediyoruz.

İntihal nedir?

İntihal; her türlü, yazılı ve fikrî eseri, sahibinin ismini belirtmeden veya izin almadan, kaynak göstermeden (alıntı yapılan internet sayfasının linki, kitabın adı vs.) ve kendi görüş ya da buluşunuzmuş gibi göstererek kullanmaktır. İntihalin sözlük anlamı "aşırma"dır; "çalma" anlamına gelir. Bilinçli veya bilinçsiz olarak yapılabilir.

Sosyal ağlar ve kullanıcılar çoğaldıkça ne yazık ki intihal de çoğalmıştır. Sosyal ağlardaki kişilerin intihali mazur görülür duruma getirme bahanelerinden en çok kullanılanları karakter sınırlaması ve yazacak yer bulamamadır. Oysa sosyal ağların neredeyse tümü, kullanıcıya "yorum yapma" imkanı tanımaktadır. Hatta kişi, bilgiyi aşırmak istemiyorsa, alıntıyı yazdıktan sonraki gönderisine "Aşağıdaki alıntının yazarı/kaynağı ... dır," yazabilir.

İntihalin hukuki açıdan bazı yaptırımları vardır. Fikir ve Sanat Eserleri Kanunu'nda bu yaptırımların bir kısmı şu şekilde belirtilmektedir:

"B) Ceza davaları:

I – Suçlar:

1. Manevi, mali veya bağlantılı haklara tecavüz

Madde 71 – (Değişik: 23/1/2008-5728/138 md.)

Bu Kanunda koruma altına alınan fikir ve sanat eserleriyle ilgili manevi, mali veya bağlantılı hakları ihlal ederek:

1. Bir eseri, icrayı, fonogramı veya yapımı hak sahibi kişilerin yazılı izni olmaksızın işleyen, temsil eden, çoğaltan, değiştiren, dağıtan, her türlü işaret, ses veya görüntü nakline yarayan araçlarla umuma ileten, yayımlayan ya da hukuka aykırı olarak işlenen veya çoğaltılan eserleri satışa arz eden, satan, kiralamak veya ödünç vermek suretiyle ya da sair şekilde yayan, ticarî amaçla satın alan, ithal veya ihraç eden, kişisel kullanım amacı dışında elinde bulunduran ya da depolayan kişi hakkında bir yıldan beş yıla kadar hapis veya adli para cezasına hükmolunur.

2. Başkasına ait esere, kendi eseri olarak ad koyan kişi altı aydan iki yıla kadar hapis veya adlî para cezasıyla cezalandırılır. Bu fiilin dağıtmak veya yayımlamak suretiyle işlenmesi halinde, hapis cezasının üst sınırı beş yıl olup, adlî para cezasına hükmolunamaz.

3. Bir eserden kaynak göstermeksizin iktibasta bulunan kişi altı aydan iki yıla kadar hapis veya adlî para cezasıyla cezalandırılır.

4. Hak sahibi kişilerin izni olmaksızın, alenileşmemiş bir eserin muhtevası

hakkında kamuya açıklamada bulunan kişi, altı aya kadar hapis cezası ile cezalandırılır.

5. Bir eserle ilgili olarak yetersiz, yanlış veya aldatıcı mahiyette kaynak gösteren kişi, altı aya kadar hapis cezası ile cezalandırılır.

6. Bir eseri, icrayı, fonogramı veya yapımı, tanınmış bir başkasının adını kullanarak çoğaltan, dağıtan, yayan veya yayımlayan kişi, üç aydan bir yıla kadar hapis veya adlî para cezasıyla cezalandırılır.

Bu Kanunun ek 4 üncü maddesinin birinci fıkrasında bahsi geçen fiilleri yetkisiz olarak işleyenler ile bu Kanunda tanınmış hakları ihlâl etmeye devam eden bilgi içerik sağlayıcılar hakkında, fiilleri daha ağır cezayı gerektiren bir suç oluşturmadığı takdirde, üç aydan iki yıla kadar hapis cezasına hükmolunur."

Fikir ve Sanat Eserleri Kanunu, buradaki maddelerle sınırlı değildir. Kimi durumlarda belirlenen hapis ve para cezası ağırlaştırılabilmektedir.

İntihal sosyal ağlar kadar akademik makalelerde, tezlerde ve ödevlerde de yaygındır. Bu gibi durumların cezası düşük not almadır veya akademik kariyerin bitirilmesidir.

Tüm bunların yanında, aynen alıntı yapılmadan yararlanılan bir kaynağın belirtilmemesi de intihaldir ve bunun da hukuki yaptırımları azımsanmayacak niteliktedir.

İntihale karşı neler yapılabilir?

Daha önce de bahsedildiği gibi, sosyal medyada ve diğer tüm alanlarda herhangi bir alıntı yapılacaksa, alıntılanan metin tırnak içine alınmalı ve yazarı/fikrî sahibi ismen belirtilmelidir. Özellikle sosyal medya kullanıcıları, alıntı yaptıkları bir metni gönderi olarak attıktan hemen sonra yeni bir gönderiyle, bir önceki iletilerinin kaynağını belirtebilirler.

Bunun yanı sıra, metin bir kitaptan alıntılanıyorsa, bu durumda kitabın ismi, yayınevi, yayın tarihi gibi künye bilgileri, alıntılanan metnin yanına veya kaynakça bilgisine eklenmelidir.

Örnekleyecek olursak;

Varsayalım ki herhangi bir sosyal ağda, Ümit Yaşar Oğuzcan'ın LALE DEVRİ isimli şiirinin bir kısmını paylaşmak istiyoruz. Bu alıntının intihâl olmaması için, dizeleri tırnak içinde yazdıktan sonra bir boşluk bırakıp ayraç içerisinde şairin adını ve soyadını ya da kitabın adını yazmalıyız;

→ "Bilene aslında her devir Lale Devri/Aklınız varsa
Nedim gibi yaşayın/Orhan Veli gibi dinleyin şu
şehri."

(Ümit Yaşar Oğuzcan)

veya şairin ismi daha önce yazılmışsa:

→ "Bilene aslında her devir Lale Devri/Aklınız varsa
Nedim gibi yaşayın/Orhan Veli gibi dinleyin şu
şehri."

(Acılar Denizi, Tüm Şiirleri-1)

APA yöntemi

Kitap, dergi ve makale gibi yazılı eserlerden alıntı yaparken kaynak göstermenin birçok yöntemi vardır. Bu yöntemlerden en yaygın kullanılanlardan biri APA (American Psychological Association) yöntemidir. MLA ve Chicago diğer bilinen stil kılavuzlarındandır. APA ve benzeri yöntemlerde öne çıkan iki unsur vardır; alıntı yapılan kaynağın yazarının adı ve kaynağın yayın yılı.

Varsayalım ki çeviri eleştirisi üzerine bir makale yazıyoruz ve Akşit Göktürk'ün *Çeviri: Dillerin Dili* başlıklı kitabından alıntı yapmak istiyoruz. Bu durumda şunları yapmalısınız;

Tırnak içinde alıntılamak istediğimiz metni yazdıktan sonra bir boşluk bırakmalı, ayraç içinde yazarın soyadını yazıp virgül koyup bir boşluk daha bırakmalı ve son olarak da kitabın basım tarihini yazmalıyız. Eğer kaynak gösterdikten sonra paragrafın devam etmesi gerekiyorsa, kapama ayracından sonra bir boşluk bırakılarak yeni cümleye başlanılabilir.

İstenildiği taktirde sayfa numarası da belirtilebilir; sayfa numarası "s." ile belirtilir. Birden çok sayfanın olması durumunda "ss." yazılmalıdır, ardından bir boşluk bırakılarak sayfa numarası/numaraları rakamla yazılmalıdır.

Eğer alıntı yapılan kaynağın iki yazarı varsa, yazarların soyadları araya "ve" konularak yazılır. Şayet ikiden fazla yazar varsa, her yazarın soyadı aralara virgül konularak yazılır. Yazarların soyadlarının aynı olması durumunda hem adları hem soyadları yazılır.

Dolayısıyla kaynak şu şekilde gösterilir:

→ "Yerleşik kurallara uygun sözcüklerden, sözdizimi yapılarından sapmaları ararken, ister istemez bir yanlış-doğru mantığının eşiğine gelir dayanır çevirmen." (Göktürk, 2010, s. 94)

Buna "metin içi kaynak gösterme" denilmektedir. APA kılavuzuna göre, metin içinde gösterilen kaynaklar, makalenin kaynakça bölümüne de yazılmalıdır. Ayrıca, kullanmadığımız bir kaynağı kaynakça bölümüne yazarsak da yanıltıcı veri sebebiyle intihâl yapmış oluruz.

Pamuk prenses ve yedi cüceler masalı bitti.Zaman; pamuk prensesi yedi cüceler.

Bu örnekte gördüğümüz yazı, aslında küçük İskender'in (Derman İskender Över) sarı şey isimli kitabındaki "msn iletisi" başlıklı şiirinden alıntıdır. küçük İskender, şiirlerinde noktalama işaretlerine pek yer vermez fakat kullanıcı, alıntıda oynamalar yaparak hem noktalama işaretleri eklemiş hem de metnin özgünlüğünü bozmuş. Bu metnin "sarı şey" kitabındaki hali şu şekildedir;

✓ "Pamuk prenses ve yedi cüceler masalı bitti

Zaman pamuk prensesi yedi cüceler imparatorluğu devri

Sil beni listenden"

(küçük İskender)

Alıntı metnin intihal olmaması için, hemen üstte yaptığımız gibi, alıntılanacak kısım tırnak içinde yazılmalı, sonra da ayraç içinde alıntı kaynağı verilmelidir.

Alıntılardaki alıntılar

Diyelim ki alıntılamanız gereken cümlenin başında alıntı var. Ne yapacağız? Tırnak işaretini nasıl kullanacağız?

Not: Örnek olması açısından alıntılarda kullanılan "tırnak içine alma" yöntemini kullanmadan vermemiz gerekiyor cümlemizi.

Örneğin, Yaşar Kemal'in Karıncanın Su İçtiği Bir Ada Hikayesi 2 adlı eserinden şu cümleyi alıntılayacağız;

"Kazdır," dedi Melek Hatun bastıra bastıra.

Bu cümleyi alıntılarken alıntı içindeki alıntıyı tek tırnakla vermemiz ve alıntı yaptığımızdan, tüm cümleyi tırnak içine almamız gerekiyor. Dolayısıyla yukarıdaki cümleyi şu şekilde alıntılamalıyız;

→ " 'Kazdır,' dedi Melek Hatun bastıra bastıra."

(Yaşar Kemal)

Ne yaptık? Cümlemiz alıntı olduğundan öncelikle çift tırnak içine aldık, ardından alıntı cümledeki alıntı kelimeyi tek tırnak içine aldık. Bu yüzden alıntımızın başında üç tırnak kullandık. Bu kullanım yanlış değildir.

Sosyal Medyada Eleştiri ve Cinsiyetçi Söylem

A. Eleştirinin sözlük anlamı ve toplumun eleştiriden anladığı

Eleştirinin kelime anlamı TDK'nın Güncel Sözlüğünde şu şekilde verilmektedir;

"1. isim Bir insanı, bir eseri, bir konuyu doğru ve yanlış yanlarını bulup göstermek amacıyla inceleme işi, tenkit."

Toplumumuzda ise eleştiri genel anlamda, bir eseri, konuyu ve gerçek ya da tüzel kişiyi yalnızca olumsuz yönleri ele alarak "yargılamak" anlamında kullanılmaktadır. Son yıllarda bu eksik algı düzeltilmeye çalışılsa da ne yazık ki eleştiri kavramına yüklenen olumsuz anlam, hem eleştiren, hem de eleştirilen açısından geçerliliğini sürdürmektedir.

Sosyal medyada eleştiri örnekleri ararken dikkatimizi çeken en çarpıcı nokta, eleştirinin olumlu veya olumsuz yönde yapılmasından çok, yapılan eleştirirlerde kullanılan suçlayıcı, yıkıcı ve oldukça ağır dildi; öyle ki, bu dil bazı örneklerde tehdit boyutuna ulaşmıştı. Elbette, bunların birçok nedeni vardır fakat sosyal medya kullanıcıları "düşünce ve ifade özgürlüğü"nü slogana dönüştürüp, hakaretler içeren yergilerin de bir özgürlük olduğunu savunmaktadırlar.

İşte temel çelişki de burada ortaya çıkmaktadır. Sosyal medyada eleştirindeki asıl sorun, düşünceleri özgürce beyan etmek değildir. Önemli olan düşüncelerinizi nasıl ve hangi tonda dile getirdiğinizdir. Söyledikleriniz başkalarının hak ve özgürlüklerine tecavüz niteliği taşıyorsa ve ağır hakaret içeriyorsa tepki alırsınız. Üstelik mesaj vereyim derken kavgaya, kırgınlıklara, düşmanlıklara neden olursunuz. Düşünce ve ifade özgürlüğü, eser, konu ve gerçek ya da tüzel kişilere hakaret etmek, hatta tabiri caizse "ağzımıza geleni söylemek" değildir.

B. Cinsiyetçilik ve cinsiyetçi söylemin sosyal medyadaki yeri

Cinsiyetçilik genel anlamda, bir cinsiyetin veya cinsel kimliğin bir diğer cinsiyet veya cinsel kimlikten üstün olduğunu savunan ideolojidir.

Günümüzde, toplumumuzun ataerkil yapısı her ne kadar düzeltilmeye çalışılsa da sosyal medya kullanımının yaygınlaşmasıyla daha da fazlalaşan cinsiyetçi söylemler, bu düzeltimi zorlaştırmaktadır.

Sosyal medyada olumsuz eleştirilerde kullanılan küfürler veya yerici sözcükler, erkeği överken, kadını ve kadının benliği yeren ifadeler içermektedir. Bu durum yalnızca kadınlar için geçerli değildir. Bu küfürler ve sözcükler, cinsel kimliği toplumun kabul ettiği normların dışındaki bireyler için de kullanılmaktadır ve bunların da örnekleri oldukça fazladır.

Şimdi, sosyal medyadaki eleştirilere ve cinsiyetçi söylemlere birkaç örnek vereceğiz. Bu örneklerde cümleye büyük harfle başlama, cümle sonuna nokta koyma, sıra noktaların ve üç noktanın kullanımı gibi yazım kurallarına uyulmaması da dikkat çekmektedir.

İşte sosyal medyadan bazı ağır eleştiri ve cinsiyetçi söylem örnekleri;

→ En çokta kız başına futbol, siyaset falan kızlara
gülüyorum. Kızım siz gidip aşık olsanıza ne işiniz
var be kezbanlaar? :D

Bu örneği "kız başına" ifadesi ve "kezban" kavramı üzerinden inceleyelim;

21. yüzyılda hâlâ kız başına ifadesinin kullanılması... Kadın cinsiyetinin "kız" olarak ifade edilmesi... Kadınlar, erkeklerden üstündür ya da üstün değildir tartışmaları bir yana, elimizdeki örnek kadınlarla ilgili zihniyetin ispatı niteliğindedir. Futbol ve siyaset ile ilgili fikirlerini dile getiren kadınlara gülünmesi, talihsiz olmasının yanında güldürücüdür. Aynı zamanda bu örnekte "aşık olmak" kadınlara özgü ve aşağılanacak bir şey gibi gösterilmiş. Kadınları yermeye çalışırken erkekleri de farkında olmadan yeren bu ifade, özünde ne yazık ki aşk gibi yüce bir kavramını da aşağılamaya çabalamaktadır.

Cem Şancı'nın yazılarından kullandığı karakter "Kezban", günümüzde bir kavrama dönüşmüştür; Kezbanlık kavramı. Sosyal medyada kadınları yermek amacıyla sıkça kullanılan "Kezban"ı, Cem Şancı, kendi hazırladığı e-kitap Kezbanizm'de şöyle açıklıyor; "Kezban kavramının, kadınları küçümsemek için değil, aşkı küçümseyen, zengin koca avcısı, riyakar, yalancı, cahil, üçkağıtçı, şark kurnazı kadınları tanımlamak için ortaya çıktığını lütfen unutmayalım." Aynı kitapta kezbanların özelliklerinden bahsedilirken, siyasetle ilgilenmedikleri de söylenmiş. Dolaysıyla yukarıdaki örnekte "kezban"lıkla suçlanan kadınlar, aslında kezban değiller. Çünkü kitaba göre kezbanlar, siyasetle ilgilenmiyormuş. Yine kitapta vurgulandığına göre kezbanlık, yalnızca Türk kızlarına özgü değilmiş.

Kadınları "kezban, zengin koca avcısı, siyasetten anlamaz, ev kızı, iş kadını, kapalı, açık, namuslu, namussuz, erkek gibi, hanım hanımcık..." gibi, üstelik oldukça saygıdan uzak şekilde, kategorize eden cinsiyetçi söylemlerin ve zihniyetin, insanları renklerine veya ırklarına bakarak dışlamaktan hiçbir farkı yoktur. Dünya üzerinde kaç insan varsa, o kadar fazla kültür ve karakter vardır. Umarız şaka ve gülme amaçlı yapıldıkça keskin bir cinsiyetçi söyleme dönüşen bu tür ifadeler, daha fazla kullanılmaz.

Bakalım diğer örneklerde ne gibi söylemler var;

erkek gibi küfür eden kız itici oluyor da karı gibi kırıtan erkek ne oluyordu ?

Psikolog olup, her gelene "Ağlama lan karı gibi" demek istiyorum.

Kural 378: Seviyorsan arkasında dur oğlum...! Karı gibi kıvırma.

İlk örnekte, kadınların küfür etmelerinde bir sakınca olmadığı vurgulanmak istenirken, ne yazık ki tersi yapılmış ve küfretmek yalnızca erkeklere ait bir şeymiş gibi gösterilmiş. Ayrıca erkeklerin konuyla ilgili tutumuna karşılık verilmek istenirken, eleştiri boyutu aşılarak "karı gibi kırıtmak" sözüyle hem kadınlara hem erkeklere hakaret edilmiş.

İkinci örnekte, ağlamak yalnızca kadınlara özgü gibi gösterilmiş ve yine kadın değil "karı" ifadesi kullanılarak, yapılan aşağılama ağırlaştırılmış. Ne yalan söyleyelim; Psikologların her gelene "ağlama lan karı gibi dediklerini" biz yeni duyduk! Eminiz psikologlar da yeni duymuştur. :)

Üçüncü örnekte verilen mesaj, kadınların, sevgilerinin arkasında durmadıklarıdır, aslında. Yazık ki sevmenin, erkek işi olduğu vurgulanmıştır.

Şimdi de sosyal medyada örnekler ararken dikkatimizi çeken iki iletiyi inceleyelim;

amannnnn nolcak canım? #ihanetederse etsin canım. Ben mi düşünücem, "öteki kadın" düşünsün. erkeğin elinin kiri))

İletiden de anlaşıldığı gibi bu talihsiz ifadeyi kullanan bir kadın. İhaneti erkeğin elinin kiri olarak görebilen bir zihniyet... Kadının, "öteki kadın" diye adlandırdığı, erkeğinin elinin kiri yaptığı hemcinsi. Dikkat edilirse iletide, hem ihanet meşrulaştırmış hem de ihanete uğrayan kadın olmak baştan kabul edilmiş. İroniktir ki kişi, kendi değişiyle başka bir "erkeğin elinin kiri" olabilme ihtimalini çoktan kanıksamış. İhanet erkeğin elinin kiri midir, yalnızca erkekler mi ihanet eder tartışılır ama eleştiri yapmak, düşünce beyân etmek bu şekilde olmaz.

İnsanları kategorize etmek, eleştiri yapılırken kullanılacak bir tavır değildir.

Kadınlar "kir", erkekler "her şeyi mazur görülecek" kişiler değillerdir. Kültürümüzün bir parçası olarak gösterilen bu tip kalıplar ve yaftalamalar, kültürümüzü bozmaktadır. Bu kalıpları ve cinsiyetçi sözcükleri kullanmadan da fikir beyân edebilmek hem dilimizdeki zenginliği arttıracak hem de kültürümüzün bozulmasını engelleyecektir.

🐦 #kadınlaerkeğinarasındakifark erkeğin elinin kiri olan kadın için namus lekesi olur

Bu örnekte, kadın ve erkek arasındaki fark yine namusa bağlanmıştır ve yine kadın "el kiri" olarak gösterilmiştir. Acı olanı, bu bir kadının iletisidir.

Kişilerin namus kavramlarını yargılamak kimsenin haddi değildir, elbette. İhanetin ve cinselliğin ahlaki boyutlarını da bir kenara bıraktığımızda ortada kalan asıl sorun, neden yalnızca kadının "el kiri" olduğunda. Kadınlar da aldatır, kadınlar da cinsellik yaşar. Ne ihanet ne de cinsellik, birilerinin el kiri olabilecek şeylerdir. Yukarıdaki örneğe, ileti sahibinin namus kavramı ile baktığımızda, erkeğin namusunun olmadığını görebiliriz. Eğer bu bakış açısından erkeğin de namusu olsaydı, o zaman "erkeğin namusunun lekesi olmaz" ifadesi kullanılırdı. Bir şeyleri anlatmaya çalışırken, durup düşündükten sonra yazmak bu tip mantık hataları yapmayı da engeller. Namus diye bir kavram varsa kadında da vardır erkekte de. Yoksa, kadında da yoktur erkekte de.

Burada asıl amacımız aldatmayı veya cinselliği meşrulaştırmak ya da yermek değil. Amacımız, kültürümüzün, dilimiz aracılığıyla kirletildiğini göstermek. Cinsiyetçi söylemler, "ötekileştirme"den başka hiçbir işe yaramadıkları gibi insan ilişkilerini de zedeler; Zamanla değerlerimizi ve kültürümüzü oluşturan her şeyden bizi soyutlayıp yalnızlaştırır.

Yalnızlaşmaksa farklı olmaya değil "öteki" olmaya yol açar. Neden bunlardan bahsettik? Çünkü işin özünde asla unutulmaması gereken bir şey var; Dil, toplumları ayakta tutabilecek veya yıkabilecek en güçlü unsurlardan biridir.

Dil, iletişim kurmak için vardır, ilişkileri parçalamak için değil. Dili düzgün, doğru ve güzel kullanmak, iletişimi, dolayısıyla da ilişkileri güzelleştirir.

Kaynakça

https://www.facebook.com/ (Son erişim tarihi: 04.08.2013)

https://twitter.com/ (Son erişim tarihi: 04.08.2013)

http://www.mevzuat.gov.tr (Son erişim tarihi: 04.08.2013)

http://sivrikose.com/kezbanizm_ebook/kezbanizm_kitap_cem_Sanci.pdf (Son erişim tarihi: 04.08.2013)

BÖLÜM 6
ANLATIM VE KULLANIM İLKELERİ

"Amacım, gördüklerimi ve hissettiklerimi kağıda en iyi ve
en basit şekilde aktarmaktır."
Ernest Hemingway

Esra Küçükecir

Orhun Gündüz

Önsöz

Esra Kücükecir
Orhun Gündüz

Çoğumuz yalnızca söylemek istediklerimizle ilgileniriz. Pek azımız bunları nasıl daha iyi ifade edebileceği üzerinde düşünür. Nasıl anlattığımız da en az ne anlattığımız kadar önemlidir. Seçtiğimiz her sözcük, kullandığımız her ifade duruşumuzu, tarzımızı, kalitemizi ve kişiliğimizi yansıtır. Nezaket ve görgü kurallarına ne derece saygılı olduğumuzu gösterir. Günümüzde bireyler, basında ve sosyal medyada kendilerini, duygu ve düşüncelerini rahatça ifade etme şansı buluyor. Bu çalışmayı yaparken bir kez daha fark ettik ki, söylemek istediklerimizin heyecanı veya çeşitli sebeplerle metinlerde kimi dengeleri tam olarak kuramıyor, anlatım ilkelerini gözden kaçırıyor, maksadını aşan mesajlar verebiliyoruz.

Son yıllarda Türkçe hatalarını eleştiren çokça yayın piyasaya çıktı. Ancak, yurt dışında her büyük yayın kuruluşunun bu konuya ilişkin kılavuzu olmasına rağmen, Türkçede akademik amaçlı kimi kaynaklar dışında temel anlatım ve kullanım ilkelerini bir arada sunan kılavuz niteliğindeki kaynaklar yaygın değil. Dragoman 2013 yılı staj ekibi olarak, The New York Times, The Economist, Associated Press gibi dünyanın önde gelen kuruluşlarının stil kılavuzlarını ve ilkelerini inceledik. Nitelikli anlatım için benimsememiz gereken ve ülkemizde de kabul görmesini umduğumuz bu ilkeleri sizler için derledik. İşte sadece bilgisayar başındayken değil hayatın her anında hatırlamamız gereken ilkeler...

Ana konuya odaklanın

Amacınızı ve çerçevenizi belirleyip anlatmak istediklerinize odaklanın. Odaklanarak yazarsanız, iletişiminiz daha etkili olur. Doğru sözcükleri seçtiğiniz sürece kısa yazarak da çok şeyi ifade edebilirsiniz. Cümleleri uzatırsanız, hem kendi odağınız kaybolur, hem de okuyan odaklanmakta ve anlamakta zorlanır.

İdeal olan, her paragrafta tek fikir olmasıdır. Paragrafı yazarken, bu fikir etrafında cümlelerinizi kurgulayın. Yeni bir fikir, bölüm, öneri, yorum yapacaksanız, yeni bir paragraf açmalısınız.

Odaklı yazı, anlatılanların mantıklı bir sırayı takip etmesini de gerektirir. Önce özet bir akış yazıp, sonra paragraflarınızı bu plana göre örerseniz daha anlaşılır olursunuz. Unutmayın, herkesin algı düzeyi ve konsantrasyon seviyesi aynı değildir.

Daha kısa, daha basit, daha iyidir

Bu temel ilkeyi dünyanın en meşhur yazarları defalarca dile getirmiştir. Kısa yazmak, cümleleri beş - altı sözcükle sınırlandırmak demek değildir. Kısa ve net yazmak göründüğünden çok daha zordur.

Eğer ne anlatmak istediğinize iyi odaklanırsanız, basit sözcükleri kullanmamaya çalışır ve mesajınızı lafı dolaştırmadan direkt verirseniz yazdığınız daha kısa, daha basit ve anlaşılır olur. Aşağıda biraz abartılı bir örnekle bu ilkeyi açıklamaya çalıştık:

→ Şirketimizde farklı pozisyonlardaki iş fırsatlarıyla ilgilenen kişiler, bu sayfanın alt tarafındaki linke tıklamak suretiyle, başvuru yapma süreci ile ilgili gereken tüm bilgilere kolayca ulaşabilirler.

√ Şirketimizdeki iş fırsatlarıyla ilgilenenler, aşağıdaki linke tıklayarak başvuru sürecinde gereken tüm bilgilere kolayca ulaşabilirler.

Kolay anlaşılır, yalın bir dil kullanın

Geniş halk kitlelerine ulaşmak istiyorsanız, farklı eğitim ve kültür seviyelerinde anlaşılır olmayı bekliyorsanız, jargona kaçan terimleri, ağır ve ağdalı ifadeleri kullanmayın. Günlük konuşma dilini tercih edin. Bağlam gerektirmedikçe, dava vekili hükümet sözcüsü veya Hanedan üyesi üslûbundan kaçının. Daha yaygın kullanılan sözcükleri tercih edin.

→ İştirak etmek - katılmak

Deruhte etmek - üstlenmek, yüklenmek

Sodyum hipoklorit - çamaşır suyu

Sistolik kan basıncı - küçük tansiyon

→ "Bir kişi hiçbir şey okumadan ve dinlemeden, hiçbir dini bilgisi olmadan sadece meal okuyacak ve sonra da sizi dinleyip sizin yazdıklarınızı okuyacak ise, o kişi ağır bir bunalıma ve teşevvüşe sürüklenir."

(Ahmet Selim - Zaman)

Ahmet Selim bu yazısında "...... kişi ağır bir bunalıma ve kafa karışıklığına sürüklenir." diyebilir ve bizlere sözlük karıştırtıp okuma akışımızı yarıda kesmeyebilirdi. Aşağıdaki alıntı konuyu bilen, lügata hakim okurlar için belki çok anlamlı, daha geniş kitleler bu cümleleri çözmekte, bizim gibi zorlanıyor olmalı.

→ "Sabır ve gayret ile itidal ve basiret olmadan tefekkür edilmez."

(Ahmet Selim - Zaman)

Duru anlatım disiplin ve bilinçli çaba gerektirir

Mümkün olduğunca basit cümleler kurun. Karmaşık yapılar kullanmanız her zaman anlatım gücünüzün gelişmiş olduğu anlamına gelmez. Olur olmaz yerlerde "edebiyat yapmaya" kalkışmayın.

Paragrafın başından sonuna dek kuyruklanıp uzayan cümleler okuyucunun veya dinleyicinin kafasını karıştırıp onları konudan uzaklaştırabilir.

Paragraflarınızın da kendi içinde anlam bütünlüğü olmalı. Aynı paragraf içinde daldan dala zıplamayın.

George Orwell duru ve açık anlatım için süreç boyunca kendisine şöyle sorular sorarmış: Ne anlatmaya çalışıyorum? Bunu hangi sözcüklerle ifade edebilirim? Hangi imge veya deyiş bunu daha açık ifade eder? Bugün aramızda olsaydı muhtemelen yine aynı şeyi söyleyecekti: "Cümleden bir sözcüğü çıkarmanız mümkünse, çıkartın."

Ne söylediğinizin veya yazdığınızın farkında olun

Yazdıklarınızı okuyun. Gereken yerlerde düzeltme veya kesme yapın. Tekrardan kaçının. Okuyucunun dikkatini dağıtacak bölümleri çıkarın. Kaleminizden olduğu gibi dilinizden dökülenlerin de farkında olun. Amacınızı hatırlayın. Düşünmeden konuşmayın. Düşünemeyecek durumdaysanız, neler olup bittiğinin farkında değilseniz veya konuyla ilgili bir fikriniz yoksa sessiz kalmayı tercih edin. Bazen susmak bile aşağıda okuyacağınız örnekten çok daha fazla anlam ifade eder.

→ "Necati Şaşmaz, Gezi Parkı Açıklaması":

"... Bugün ne oldu, geceden gündüze değil de, bugünden yarına değil de, çok acil olarak değil ama çabuk çabuk yapılması gerekiyor, bizlere sunulması gerekiyor. Çünkü onlar bizim, tabirle, biz bu gece karanlığındaki kedi gözleri gibi onları izlememiz gerekiyor, ama o gözler de ancak bizim ışığımızla görünebilen bir şey, o gördüklerimiz de fosforlu olan o kedi gözleri bize yol gösterici. Yani bizim bu sosyologlarımız, toplumsal araştırma yapan insanlar bize bu yolu gösterirlerse bizde ışık yani o da benim algıladığım benim düşüncem ışık da, bizim doğru anlayışımız olsa gerek, yalnız sosyolog ve akademisyen büyüklerimizden yol göstericilerimizden tek isteyebileceğim tarafsız olmaları, çünkü bizim çok ihtiyacımız var,bu milletin çok ihtiyacı var. İnanıyorum ki biz de doğru anlamaya doğru dinlemeye başlayacağız ve hiçbir zaman bize gösterilen o doğru yoldan aydınlanmış olan yoldan o bütün tarafsız

Anlatım ve Kullanım İlkeleri

sosyologlarımızın bize göstermiş olduğu bu yolda
ilerlemeye devam edeceğiz. İnşallah biz sağlam yere
varacağız. O hedefimizi onlar belirleyecek, hep
beraber belirleyeceğiz,..."

Abartılı ve ölçüsüz söylemlerden kaçının

İletişime geçtiğiniz kişilerin güvenini kazanmak, söylediklerinizin
inanılır ve değerli olması için abartılı, bilimsel verilere ve gerçeklere
aykırı söylemlerden kaçının. İnancın veya ideolojinin coşkusuyla, anlık
duygu patlamasıyla doğruları ne abartın ne de azımsayın. Kendinizden
bahsederken de ne aşırı tevazu göstererek, ne de gereksiz böbürlenerek
ölçüyü kaçırmayın. Başkasını överken de dalkavukluğa kaçmayın. Basında
gördüğümüz haber başlıklarından çarpıcı birkaç örneği farklı görüşteki
gazetelerden derleyerek sunmak istiyoruz.

→ Mitingde alana kaç kişi...

"Çok açık net söylüyorum. Biz birkaç çapulcunun
o meydana gelip halkımızı yanlış bilgilendirmek
suretiyle tahrik etmesine pabuç bırakmayız."

(Recep Tayyip Erdoğan)

Taksim Gezi Parkı direnişinde çekilen fotoğraflardan ve katılanların
şahitliğinden biliyoruz ki Gezi'deki insan kitlesi "3-5 çapulcu" nitelemesine
sığmayacak kadar büyük; katılımcı profili öğrenci, akademisyen,
profesyonel, iş adamı, ev hanımı gibi "çoğunluğu" sade vatandaşlardan
oluşuyor. Başbakan olayları sertçe eleştirirken, "çapulcu" gibi küçültücü
ve dışlayıcı bir sözcük kullanmasaydı, meydana toplanan onbinleri
karşısına almamış olurdu.

→ "Türkiye'de 10 senede 2 milyar 800 milyon ağaç dikildi."

(Orman Bakanlığı)

Bu açıklamada yanlışlıkla milyon yerine milyar kullanıldığını düşünüyoruz.
Milyar denince, hesap kabaca şöyle oluyor:

10 Yıl, 365 günden 3650 güne denk geliyor. 2,8 milyarı, 3650'ye bölünce

yaklaşık 767 bin çıkıyor. Bu durumda da günde en az 767 bin adet ağaç dikilmesi gerekiyor.

Bu faaliyet, yılın 365 günü ve 24 saat aralıksız sürse ve hiç ara verilmese bile, saatte 32 bin adet ağaç dikilmesi gerekiyor. Her gün 12 saat aralıksız çalışılırsa da, saatte 64 bin adet ağaç dikilmesi gerekiyor. Sizce bu mümkün mü?

→ Cumhuriyet Gazetesi: Gazetede "Diyaspora İncirlik'i istiyor" başlığı ile yayınlanan haber Elçin Poyrazlar imzasını taşıyor.

Haber Los Angeles'te yaşayan ve 1915'te mülklerine el konulduğunu iddia eden üç Ermeni'nin ellerindeki tapuları gerekçe göstererek Türkiye Cumhuriyeti'ne açmış olduğu dava haberidir. Gazeteci Poyrazlar, haberinde "Diyaspora İncirlik'i istiyor" başlığını kullanarak okuyucu yanıltılmakta; haberde görüldüğü üzere dava açan üç Ermeni Los Angeles'da yaşıyor ve yine aynı haberde dava açanlardan sadece birisi, içinde bir askeri üs olan İncirlik Üssü'nün de bulunduğu arazinin kendi ailesine ait olduğunu savunuyor. Buna karşın haberde "Diyaspora İncirlik'i istiyor" başlığı ile Ermeni toplumu aleyhine çarpıtma yapılırken aynı zamanda düşmanlık ve savaş çağrıştıran bir ifade kullanılıyor.

Kibirli ve emredici olmayın

İnsanların sizinle aynı fikirde olmamaları onların "aptal" veya "akılsız" oldukları anlamına gelmez. Kimseyi doğrudan bu tarz ifadelerle aşağılamaya gerek yok. Her insanın düşüncesini özgürce açıklama hakkı vardır. Fikirlerinizi ifade ederken boş iddialarda bulunmayın. Amacınız sadece ne düşündüğünüzü söylemek değil okuyucuyu veya dinleyiciyi buna ikna etmek de olmalı. Bunu da karşınızdakilere neden göstererek ve kanıtlar sunarak başarabilirsiniz. "Şöyle olmalı", "azıcık okumuş adamlarda bu olmamalı", "ya sev ya terk et" gibi ifadeleri kullanırken buyurgan olmamaya dikkat edin.

Siyasi söylemler, hitap ettiği topluluğa verimli eleştiriler ve çözümler getirdikçe anlam kazanır. Nitelikli konuşmayı, emredici veya aşağılayıcı bir üslup daha etkin kılmaz. Ne yazık ki siyasetçilerimizin üzerinde durdukları konunun önemi arttıkça emredici ve olumsuz mesajlar içeren söylemleri de artıyor.

→ Kemal Kılıçdaroğlu: Mavi Marmara olayındaki hükümet tutumunu ve İsrail'e yaptırımları eleştiren bir konuşmasında şunları söylemiştir: "Bizim insanlarımız öldü. Hepsinin kanı yerde kaldı. Usulen bağırıyorlar. 'İsrail'e şunu yapacağız, bunu yapacağız'. Hiçbir şey yapamazsın sen. Senin yapabilmen için önce sende yürek olması lazım. Efendim neymiş .... Milleti de yanıltmak için 'İsrail'e kafa tutuyorum' diyorsun. Şimdi kalkmışsın efelik satıyorsun. O efeliği sana bırakmayacağız hiç meraklanma. Biz senin ne mal olduğunu bu ülkeye anlatacağız."

Burada Kılıçdaroğlu'nun söylemi şöyle olabilirdi: "Yitirdiğimiz insanların kanı yerde kalmasın. Bağırarak değil, icraata geçerek gücünüzü gösterin. 'İsrail'e şunu yapacağız, bunu yapacağız' sözleri eylemlerinizi yansıtmıyor; belli ki harekete geçecek cesaretiniz dahi yok. Bu herşeyden önce bir cesaret ve samimiyet testidir. Abilik görevinin de size kaldığını düşünmüyoruz." Sunduğumuz seçenek aynı derecede vurgulu ifadeler içeriyor ama "yapamazsın, edemezsin" gibi emredici bir üslubu yok. "ne mal olduğunu biliyoruz" gibi küçültücü bir yafta taşımıyor. Siyasetçiler konuşmalarında, olumsuz ve rencide edici ifadelerden kaçınmalı, olumlu eylemler içeren cümlelere bolca yer vermelidir.

İşte daha olumlu cümlelerle ve bir öncekinden daha güçlü bir eleştiri örneği:

→ http://cagdasses.com/haber/2479-siyaset-diyanet-kendi-isine-baksin.html

İçişleri Bakanlığı'nın yayınladığı 'gaz genelgesi'ni değerlendiren CHP Gaziantep Milletvekili Ali Serindağ "anlaşılıyor ki, İçişleri Bakanlığı gösterilere yaptığı müdahalenin yanlış olduğu sonucuna varmış" dedi.

CHP Gaziantep Milletvekili, TBMM İçişleri Komisyonu üyesi ve eski Vali Ali Serindağ, Kanal B televizyonunda katıldığı "Habercinin Saati" adlı programda güncel birçok gelişmeyi değerlendirdi ve Gezi direnişi eylemleriyle ilgili olarak "elbette şiddete karşıyız ama ölen insanlar maddi zarar öne çıkarılarak ne kıyaslanabilir ne de unutturulabilir. Gencecik insanlar hayatını kaybetti. Candan daha önemli ne olabilir" dedi.

Lakaytlıktan ve ölçüsüzlükten kaçının

"Bilin bakalım n'oldu?", "bakın ne diyeceğim?" diye söze başlamak, cümlenin ortasında "ahaha!", "az sonra!" veya "durun bakalım" gibi ifadeler anlatımı doğallaştırmak, özgün veya etkileyici kılmaktan çok ciddiyetsiz kılar. İçtenlik ile lakaytlık, nüktedanlık ile terbiyesizlik arasındaki ince çizginin farkında olun.

→ "Aha Meclis'teki son tartışma.. "Düşüneni çuvala koymuşlar, dötü başından ağır gelmiş.." durumu yaşattı bize..

(Selahattin Duman- Vatan)

→ "Eski ABD Başkanı Clinton'ın avradı Hillary, Suriye konusunda bizi fiştiklemek için İstanbul'daydı.."
(Selahattin Duman-Vatan)

→ "Önce çarşaflı kadınları toplayıp kamera önünde rozetliyor sonra çağdaş kokoşlarına yırttırıyor."
(Esra Elönü - Haber 7)

→ "Gezi olaylarında müftü karısıyım diye ciyaklayan kadının şalvar alerjisini provokotörlükle kaşımasına çanak tutan bir partinin seccade dağıtması .. Hah ha kim inanır, secde sazanlığı size ait ama secdeyi oy sandığı olarak gören zihniyete kahkaha atma keyfi de bize ait."

(Esra Elönü - Haber 7)

Fazla didaktik olmayın

Bizim yaptığımız türden bir kılavuz hazırlamıyorsanız "aman yapmayın", "etmeyin" gibi ifadeler kullanmaktan kaçının. "Sanmayın", "gözden kaçırmayın", "unutmayın", "dikkat edin", "göz önünde bulundurun" gibi sözler anlatımınızı etkileyici kılmaz. Bu tür "çok bilmiş" kullanımlar karşınızdakine ders kitabı ya da kılavuz okuyormuş veya vaaz dinliyormuş hissi verir ve onları sıkabilir.

→ http://www.gunes.com/2013/07/17/haber/guncel/8890/
unutmayin_tevazu_allah_in_emridir.html

Unutmayın tevazu Allah'ın emridir

Önce kalbimizi temizleyeceğiz. Kalplerimizdeki kin, haset, düşmanlık, kıskançlık, kibirlilik gibi kötü huyları atmak zorundayız.

Argo kullanımına dikkat edin

Hayatımızı ve dili renkli kılan unsurlardan biridir argo. Anadolu'nun köylerinden sosyetik plazalara kadar her yerde kullanılmaktadır. Argoya hâkim olmak diline hâkim olamamak anlamına gelmez. Bu ikisinin arasında net bir çizgi vardır. Argoyu sadece yerinde ve samimi ortamlarda kullanmaya özen gösterin; küfre ve hakarete dönüşmesini önleyin.

→ Zoru görünce hemen çark etti: tornistan!

√ Zoru görünce kararını değiştirdi ve geri adım attı.

Ayrımcı dilden ve nefret söylemlerinden kaçının

"Kafir", "dinsiz, imansız", "ayyaş", "dinci", "badem bıyıklı", "sıkma baş", "gavur eziyeti çektirmek", "İbnelik yapmak", "Arapsaçına dönmek", "çingene kavgası", "Yahudi pazarlığı", "Ermeni tohumu"... Çoğu dilde olduğu gibi bu tür ayrımcı ve hedef gösteren deyimler ve kullanımlar Türkçede de vardır. Her ne kadar dilimize yerleşmiş de olsa bu tür ifadelerin kullanımı ayrımcı ve ötekileştiren bir tutum yansıtır. Görüşlerimizi belirtirken ve eleştiride bulunurken herhangi bir ırk, cinsiyet kimliği, cinsel yönelim, etnisite, dil, din, sosyal köken ayrımı gözetmekten, belirli bir grubu hedef göstermekten kaçının.

Türkiye'deki siyasetçilerin demeçlerinde bu türden ayrımcı ve ötekileştiren bir dilin hakim olduğu birçok örnek gösterilebilir. Bu söylemler sadece kızgınlık anında coşkuyla söylenmiş ifadeler değil, talihsiz bir alışkanlığın göstergeleridir.

→ Recep Tayyip Erdoğan: Elazığ'da yaptığı bir konuşmada, "Bunların Yaradan ile zaten ilgisi yok. Bu teröristlerin yeri belli, bunlar Zerdüşt" diyerek bir inancı hedef göstermiş ve o inanca mensup kişileri "terörist" ilan etmiştir. Halbuki bugün dünya çapında Zerdüştlüğe inananların sayısı yaklaşık iki yüz elli bindir. Zerdüştlük, gündemden bağımsız kendi geçmişi ve tarihi olan bir dindir.

→ Devlet Bahçeli: Hüseyin Çelik'in "sarkık bıyıklı özel harekatçılar" sözlerine tepki göstermek için "Özel ordu badem bıyıklılar ordusu mu olacak?" diye cevap veriyor. Burada her iki siyasetçinin de belirli kesimleri zan altında bırakıp onları "sarkık bıyıklı", "badem bıyıklı" şeklinde etiketledikleri aşikar. Eleştiri sınırları aşılmış ve söylemleri ötekileştiren bir tavır almıştır. Bahçeli ve Çelik, bu söylemleriyle karşı tarafın "kendi zihniyetindeki bireyleri" orduya yerleştirmek istediğini itiraf ederken, öfkenin vermiş olduğu refleksle ötekileştiren ifadeler kullanmışlardır.

→ Selma Aliye Kavaf: Eski Kadın ve Aileden Sorumlu Devlet Bakanı Kavaf "Eşcinselliğin biyolojik bir bozukluk, bir hastalık olduğuna inanıyorum" demişti. Bu söylemiyle Kavaf LGBT bireylere yönelik olumsuz çağrışımlar oluşturmuş, ayrımcılık ve nefret söylemine zemin hazırlamıştır. Dünya Sağlık Örgütü, Amerikan Psikoloji Derneği (APA) gibi daha birçok saygın ve tanınmış kuruluş eşcinselliği çoktan hastalık kategorisinden çıkarmış ve bu kesimin üzerindeki psikolojik şiddete karşı çıkmıştır.

Nefret söylemi, hedef gösterme ve düşmanlık ifadeleri yalnızca siyasetçilerin söylemlerinde değil, gazetelerin başlıklarında ve köşe yazılarında da görülebilir.

→ Yeni Şafak: "Üçüncü Cinsel Devrim, Geliyorum Diyen Felaket". Yusuf Kaplan, heteroseksüellik dışındaki cinsel yönelimleri sapma olarak değerlendirdiği yazısında, Avrupa'nın bir felakete sürüklendiğini "sadece eşcinsel sapmalarla değil ensest ilişkilerden hayvanlarla ilişkiye kadar zıvanadan çıkmış" şeklindeki iddiasıyla LGBT bireylerle ensest ve hayvanlarla ilişkiye girenler arasında bir bağ kuruyor. Kaplan "haklar hareketi olma özelliğini çoktan yitiren üçüncü dalga feminist hareketin" eşcinsel ve ensest ilişkilerin meşrulaştırılmasında belirleyici rol oynadığını da iddia ettiği yazısında cinsel LGBT bireyleri insan türünün sonunu getirecek bir felaket olarak gösteriyor.

Halbuki Kaplan, burada LGBT hareketini eleştirirken bireyler üzerinden, onları hedef alarak gitmektense, LGBT hareketinin sloganlarını ve anlatmak istediklerini kendi değer yargılarından bağımsız "objektif" kaynaklara dayalı bir şekilde eleştirebilseydi LGBT bireyleri aşağılamamış ve nefret söyleminde bulunmamış olurdu.

→ Yeni Akit: "Azgın Yahudiler, Kudüs'te camiye ve Osmanlı mirasına saldırdı...". Haberde, Kudüs'teki Osmanlı döneminden kalma Davud Peygamber Camisi'ne İsrailliler tarafından saldırıldığı aktarılıyor. Haberin başlığında geçen "Azgın Yahudiler" ifadesiyle ve haber içeriğindeki Yahudi vurgusuyla, söz konusu olaydan Musevi toplumunun bütünü sorumlu tutuluyor ve Musevilere ve İsrail vatandaşlarına hakaret ediliyor. Haber, veriliş şekliyle, Musevileri Müslüman düşmanı olarak lanse ediyor ve Musevilere ve İsraile yönelik olumsuz önyargıları pekiştiriyor.

→ Sözcü: Ermenistan Cumhurbaşkanı'nın sözlerini çarpıtarak aktardığı haberinde tehdit algısı yaratıyor, başlıkta ve metinde aşağıdaki ifadeleri kullanarak Ermenileri aşağılıyor. "Ermeni kafası! Ermeniler bu kafa ile daha milyon sene sürünmeye mahkumdur."

Alıntı yaparken kaynak gösterin

Aslını araştırmadan iddialı söylemlerden ve beyanlardan kaçının. Toplumun genelini ilgilendiren konularda, referans vererek söylemlerinizi destekleyin. Böylelikle anlatımınızın güvenilirliği de artacaktır. Artık Heredot döneminde yaşamadığımıza göre konuşurken veya yazarken efsaneler üretmemelisiniz. "Destekli atma" yöntemi de her zaman işe yaramaz. Bu yüzden, sözlü ya da yazılı anlatımlarınızın nitelikli olması için kaynak göstermeye dikkat edin.

Sosyal medyanın hızıyla kaynak gösterilmeyen haberler öyle hızlı yayılıyor ki, doğruyla yanlış, gerçekle uydurma arasındaki çizgiler belirsizleşiyor. Kaynak göstermek hem kaynağa saygıyı gösterir, hem de bilginin doğruluğunu teyit etmeyi kolaylaştırır.

→ Enflasyon %10'un altına düştü.

√ TÜİK Haziran verilerine göre enflasyon %10'un altına düştü.

Gerçeklik kontrolü yapın

Kaynak gösteriyor olmanız verdiğiniz bilginin doğru olduğunu göstermez. Alıntı yaptığınız kaynağın da güvenilirlik ve inanılırlık derecesini sorgulamanız gerekir. Bilginin birinci elden olup olmadığının, uzman veya yetkililerden edinilip edinilmediğinin farkında olmalısınız.

Google'da karşınıza ilk çıkan arama sonucunu peşinen kabul etmeyin.

Çapraz sorgular yapın; karşıt görüşten bazın organlarındaki haberleri de okuyun; çeviri haberse orijinal kaynağa ulaşmaya çalışın; milyarlaca ağaç dikilmesi gibi rakamlar veriliyorsa bir zahmet hesap yapın.

→ TÜİK Haziran verilerine göre enflasyon %10'un altına düştü.

✓ TÜİK Haziran verileri enflasyon %10'un altına düştüğünü iddia ediyor ama, benzine ve doğal gaza gelen zamlar %20'yi çoktan aştı.

Objektif olun

Kaynağı gösterdiniz, gerçeklik kontrolü yaptınız. Acaba objektif misiniz? Görüşünüzü ifade ederken karşıt görüşlere de yer verme cesaretini gösterin. "Bu şöyledir" demek yerine, "Ben böyle düşünenlerdenim, şöyle diyenler de var ama bana filanca nedenlerle gerçekçi gelmiyor" diyebiliyorsanız, objektif olma yolundasınızdır.

Objektif olmak, taraf tutmamak değildir. Bir camiaya ait olmamak, sevdiği, saydığı kişilere ve gruplara ihanet etmek de değildir. Sevginin gözü kördür demişler. Objektiflik, kör göze gözlük misali kendinizin ve sevdiklerinizin hata ve eksiklerini görebilme becerisi ve ifade etme cesaretidir.

→ Bana göre, seçimlere katılım düşer, anket sonuçları ortada zaten. Erdoğan kesin ilk turda ezici bir üstünlükle kazanır.

✓ Anket sonuçlarında +- 2.5 yanılma payı olmakla beraber, seçimlere katılım düşerse, Erdoğan'ın ilk turda rahat kazanacağı öngörüsüne katılıyorum.

Nazik ve saygılı olun

Hiçbir şey için insanları kırmaya değmez. "Kötü söz sahibine aittir" demişler. Saygıda kusur eden, asıl kendi değerini düşürmüş olur.

Nezaket ve saygı, özgüvenin de göstergesidir. Kendine güvenen, saygısızlığa tenezzül etmez.

→ Ben bu adama inanmıyorum. Yalan söylüyorsun!

✓ Söyledikleriniz hiç inandırıcı değil. Kesinlikle katılmıyorum.

Pozitif olun

Bir şeyi olumlu ifade etmek mümkünse, olumlu ifadeler kullanılmalıdır. Cümlelerinizde ne kadar olumsuz sözcük kullanırsanız, o kadar negatif algılanırsınız. Okuyanlar karamsarlığa düşer, sıkılır, yorulur.

Aynı mesajı olumlu sözcüklerle aktarabilirseniz, okuyucu rahatlar ve daha iyi algılar.

→ Tuvaleti kirletmeyin.

✓ Tuvaleti temiz tutun.

→ Çiçekleri her gün sulamayı unutmayın.

✓ Çiçekleri her gün sulamanız gerekir.

Bazen olumsuz durumlarda, şikayete konu bir olayda, yaşanan problemleri yönetmeniz gerekir. Pozitif sözcükler, durumu daha rahat kontrol etmenizi sağlar.

→ Maalesef çok yoğun olduğum için size biraz geç yanıt verebiliyorum ne yazık ki.

✓ Yoğun sezonda bulduğum ilk fırsatta size şimdi yanıt verebiliyorum.

→ Başınıza gelen problemleri ofisimiz bana haber verdi. Çok yazık olmuş. Keşke olmasaydı; bu saatten sonra ne yapsak boş artık.

√ Arkadaşlarım, yaşadığınız sıkıntıları anlattılar.
Büyük talihsizlik. Telafi etmek için elimizden geleni
yapmaya hazırız.

Jargon kullanmaktan kaçının

Meslek üyeleri, kendi aralarında çok özel bir dille - jargonla - anlaşırlar
ve bu gayet doğaldır. Peki, ofis arkadaşınız sandalyesinde kıvranırken
neyi olduğunu sorduğunuzda "Sorma şekerim, lumbar disk hernem
agrave oldu." dese tepkiniz ne olur acaba? Bel fıtığım ağrı yapıyor demesi
yeterlidir oysa. Yeni yeni öğrendiği Latince terimlerle hava atmaya hevesli
çiçeği burnunda bir tıp öğrencisiyseniz bile bir yere kadar anlayışla
karşılanırsınız. Karşınızda uzman bir kitle veya belirli bir sosyal gruba ait
bireyler yoksa jargon kullanmaktan kaçının.

→ Oliver Wendell Holmes: "Kısa bir kelimenin
amaca hizmet ettiği yerde, asla uzun bir kelime
kullanmazdım. Bu ülkede, damarları "ligate" eden
profesörlerin olduğunu biliyorum. Diğer cerrahlar
sadece diker ve bu da pekala kanamayı durdurur."

Klişelerden kaçının

Okuyucuya iletmek istediğiniz bilginin akılda kalmasını ve etkileyici
olmasını istiyorsanız, klişelerden uzak durun. Bazı yazı türlerinin belirli
formatları vardır; örneğin, dilekçe, mektup, vekaletname. Bu tür belgelerde
yerleşmiş kalıpları kullanmak doğaldır ve öyle olması beklenir. Şablon
belgelerin dışında, günlük yazışmalarınızda kendi tekniğinizi ve tarzınızı
yansıtmalı, basmakalıp kullanımlardan kaçınmalı ve özgün bir metin
üretmelisiniz.

İşte birkaç klişe örneği:

→ Siyasette her zaman birilerinin üzerine kirli oyunlar
oynanır. Bir kısım medya konuyu tamamen saptırır.
Türkiye'nin jeopolitik önemine değinmeden konuşma
yapan olmaz. Ülkemiz Asya ile Avrupa arasında bir

köprü vaziyeti görmektedir zaten. Siyasetçilerimizin
hepsi millete hizmet için buradalardır.

Tekdüze anlatımdan kaçının

Yazınızın sürekli aynı tonda olması okuyucuyu bezdirir. Değişik duygular,
akıl oyunları barındırmayan tekdüze anlatımlar okuyucunun veya
dinleyicinin zihninde yer etmez. Ölçüsüz sürprizlerle ve oyunlarla dolu bir
yazı da okuyucuyu yorar; dengeyi iyi tutturmak gerekir.

→ Salondaki çok iyi hava, seyircinin güzel desteğiyle
bu büyük başarıyı getirdi.

√ Salondaki muhteşem atmosfer, seyircinin coşkulu
tezahüratıyla birleşince, unutulmaz bir başarıya imza
atıldı.

Yasalara aykırı söylemlerden kaçının

Sosyal medya aktifseniz, kurumsal iletişimciyseniz, uluslarası çalışıyor ve
farklı pazarlarda faaliyet gösteriyorsanız, ifade özgürlüğüyle ilgili yasalara
uymanız gerekir.

Kişilik ve özlük haklarına saldıran, hakaret içeren, suç teşkil eden, ticari
sırları açık eden ifadeler kullanmaktan kaçının.

Bankalar ve halka açık şirketler için özel koruyucu kanunlar vardır. Bu
şirketler aleyhinde yazarken, kampanyalara katılırken kanunlara uyulmalıdır.
Bu şirketler hakkında açıklama yaparken de, kanunlardaki kısıtlamalara
göre hareket edilmelidir.

Kamu kurumlarını ve görevlilerini koruyan kanunlar da vardır. Farkında
olmadan zor durumda kalabilirsiniz.

Farklı ülkelerde, bazı sözcükler sansürleniyor olabilir. Veya, kanunen belirli
bir anlamda ve bağlamda kullanılması gerekebilir. Ayrıca, markaları sektörel
ve ülkesel olarak koruyan kanunlar vardır. Bazı dillerde bazı sözcükler marka
tescili ile korunuyor olabilir. Özellikle çeviri yaparken dikkat etmelisiniz.

Anlatım ve Kullanım İlkeleri

"Sözü bilen kişinin, yüzünü ak ede bir söz
Sözü pişirip diyenin işini sağ ede bir söz
Söz ola kese savaşı, söz ola kestire başı
Söz ola ağulu aşı, yağ ile bal ede bir söz."

Yunus Emre

www.ingramcontent.com/pod-product-compliance
Lightning Source LLC
Chambersburg PA
CBHW061754020426
42331CB00006B/1480